*Una mirada a
tu destino final*

TU PRIMER
MINUTO
*Después
de morir*

Erwin W. Lutzer

PORTAVOZ

La misión de *Editorial Portavoz* consiste en proporcionar productos de calidad —con integridad y excelencia—, desde una perspectiva bíblica y confiable, que animen a las personas en su vida espiritual y servicio cristiano.

Título del original: *One Minute After You Die.* © 1997 por Erwin W. Lutzer y publicado por Moody Press de Chicago. Todos los derechos reservados.

Edición en castellano: *Tu primer minuto después de morir.* © 1999 Editorial Portavoz, filial de Kregel Publications, Grand Rapids, Michigan 49501. Todos los derechos reservados.

Traducción: John Bernal
Diseño gráfico: Nicholas G. Richardson

EDITORIAL PORTAVOZ
P. O. Box 2607
Grand Rapids, Michigan 49501 EE.UU.A.

Visítenos en: www.portavoz.com

ISBN 0-8254-1425-3

3 4 5 6 7 edición/año 08 07 06 05 04

Impreso en los Estados Unidos de América
Printed in the United States of America

*Con amor profundo en memoria de
nuestra preciosa nieta,
Sara, quien murió al nacer y en
este mismo instante
contempla el rostro de nuestro
Padre que está en el cielo.*

CONTENIDO

$\mathcal{B}$IENVENIDO A LA ETERNIDAD

Un minuto después de deslizarte tras la cortina divisoria te encontrarás, o bien disfrutando la bienvenida personal que te dará Cristo, o será tu primer vistazo de una triste oscuridad, como nunca antes la hayas imaginado. En cualquier caso, tu futuro habrá sido fijado irrevocablemente y será imposible cambiarlo durante el resto de la eternidad.

«Todo ser humano» dice C.S. Lewis, «se encuentra en el proceso de convertirse en un ser noble; noble más allá de lo imaginable. De no ser así, lamentablemente se estará convirtiendo un ser envilecido, más allá de lo redimible.» Él nos exhorta a recordar que «la persona menos agraciada e interesante, con la que puedas hablar, puede algún día ser una criatura a quien, si vieras en este momento, estarías fuertemente inclinado a adorar. De lo contrario, sería algo horrible y con tal grado de corrupción que lo encontrarías, si acaso, solamente en una pesadilla ... No existen personas *comunes y corrientes* ... Es con inmortales que estamos tratando cuando nos divertimos, con quienes trabajamos y nos casamos, a quienes desairamos y explotamos; horrores inmortales o esplendores imperecederos.»[1]

Aquellos quienes se encuentren en el cielo estarán rodeados de amigos que conocieron en la tierra. Las amistades que una vez fueron abruptamente interrumpidas por la muerte, continuarán allí donde quedaron. Toda descripción del cielo que hayan escuchado palidecerá a la luz de la realidad. Todo esto, *para siempre.*

Otros, sin duda, muchos otros, estarán envueltos en

7

oscuridad; en un lugar de privación y lamento interminable. Allí, con recuerdos y sentimientos completamente intactos, las imágenes de su vida, durante la estadía en la tierra, regresarán para atormentarlos. Pensarán en sus amigos, familiares y parientes; meditarán con tristeza en las oportunidades que desperdiciaron e intuitivamente sabrán que su futuro no tiene remedio, ni fin. Para ellos, la muerte será peor de lo que habían imaginado.

Así es que mientras tus parientes y amigos planean tu funeral, decidiéndose por un ataúd, un lote para el entierro, los encargados del paño mortuorio, tú estarás más vivo que nunca. Estarás o viendo a Dios en su trono, rodeado de ángeles y de la humanidad que ha sido redimida, o por el contrario, sentirás un peso indescriptible de culpa y abandono. No hay un destino intermedio entre estos dos extremos; simplemente felicidad o tristeza infinitas.

Tampoco será posible desplazarse de uno de estos lugares al otro. No importa cuánto tiempo pase, no importa cuán sentidos sean los lamentos, ni cuán intenso el sufrimiento, tus planes de viaje están limitados a aquel domicilio. Aquellos que se encuentren en los lugares más bajos y oscuros, jamás entrarán por las puertas que conducen a la luz y al éxtasis infinitos. Descubrirán que las bellas palabras pronunciadas en su elogio póstumo, no tendrán parecido alguno con la realidad que ahora los confronta. ¡Si tan sólo sus amigos pudieran verle!

Me han contado que en el estado de *Indiana* hay un cementerio, en el cual existe una antigua tumba con el siguiente epitafio:

Detente un momento, extraño que pasas por aquí.
Tal como tú estás ahora, así también yo estuve.
Tal como yo estoy ahora, así también estarás.
Prepárate entonces para la muerte y sígueme.

Un desconocido que pasaba por allí, leyó aquellas palabras y escribió debajo esta respuesta:

Con seguirte no me contento;
Hasta saber cuál fue tu camino
Después del fallecimiento.

En estos últimos días he oficiado dos funerales. El primero fue el de una mujer cristiana quien se había distinguido por una vida sacrificada de servicio para Cristo. El triunfo de la familia era impactante; había un gozo que no se podía reprimir, mezclado con el duelo.

El segundo, se trataba aparentemente, de un no creyente que había muerto en un accidente en una autopista. La angustia de sus parientes era notable; se veían desesperanzados y descorazonados. Se resistían a ser consolados.

Tú y yo seguiremos a estas dos personas a la tumba. A no ser que Cristo regrese durante nuestra vida terrenal, todos vamos a pasar por aquella puerta de hierro, descrita por Hamlet como: «Aquel ignorado país, de cuyos confines no vuelve a traspasar viajero alguno» (III.i. 79-80).

El pensar en nuestro destino final nos da perspectiva. Visualiza un metro que se extiende desde la tierra hasta la estrella más lejana. Nuestra permanencia aquí es apenas la longitud de un cabello, casi invisible frente a la longitud de esta herramienta de medición. Estrictamente hablando, ninguna distancia puede compararse a la eternidad. No importa cuán infinita sea nuestra visión de la eternidad, nuestra apreciación nunca será lo suficientemente infinita.

Cada uno de nosotros quiere hacer inversiones sabias, poder sacarle «la mayor cantidad de jugo a nuestro dinero». Las mejores inversiones son aquellas que son seguras y permanentes; si somos sabios, invertiremos nuestro tiempo preparándonos para aquello que es infinito. ¿Qué es la vida, sino una preparación para la eternidad?

Recientemente, leí la historia trágica de unas personas que pasaban un rato agradable en los pisos más altos de un gran edificio de apartamentos, ignorando que había un incendio en los pisos de abajo. De la misma manera, muchos ahora se encuentran disfrutando de la vida cómodamente, ignorando el hecho de que la muerte no es tan sólo inevitable, sino que está más cercana de lo que piensan. Aunque existen muchas incertidumbres en nuestra vida, podemos contar con esto: sea lo que sea aquello por lo cual luchamos en esta tierra, es algo necesariamente temporal. Sin duda, este mundo y todo lo que hemos acumulado en él será eventualmente consumido.

Un día observaba la sección de viajes en una librería. Los posibles viajeros compraban mapas y libros guía de Hawaii y Europa. Algunos compraron folletos que les enseñaban frases en idiomas extranjeros. Sin duda alguna, habían ahorrado dinero, apartaron tiempo para sus vacaciones y compraron boletos aéreos. Todo eso para un viaje de tan sólo dos semanas.

Me preguntaba cuántos de ellos le estarían dando por lo menos la misma atención a su destino final. Me preguntaba cuántos se encontraban leyendo el libro guía, estudiando el mapa y tratando de aprender el lenguaje del cielo. Europa y Hawaii parecían ser mucho más reales que el mundo invisible de los muertos. Sin embargo, aún mientras planeaban sus vacaciones, estaban en ruta hacia un destino más remoto.

El propósito de este libro consiste en estudiar lo que la Biblia dice acerca de la vida más allá de la muerte. Aquellos que lo lean serán consolados; otros serán perturbados; y todos, espero que así sea, serán instruidos. No reclamo tener una revelación especial, tan sólo un deseo de explicar con precisión lo que la Biblia nos dice.

Pido a Dios que me ayude a presentar el cielo de tal manera atractivo que quienes se encuentren preparados para entrar a él, apenas sean capaces de esperar este momento. También pido, poder presentar el infierno de manera tan temible, que aquellos que no estén listos para morir procedan rápidamente a confiar en el Único que los puede proteger de «la ira venidera».

La muerte, nuestra enemiga, puede ser amiga cuando Dios nos haga el llamado final. Podemos alegrarnos ya que Él nos ha dado un rayo de luz para iluminar la oscuridad. La muerte no es una caída sin esperanza en la inmensidad de lo desconocido.

Entonces, ¿qué podemos esperar del *primer minuto después que muramos?*

NOTA

1. C.S. Lewis, «El peso de la gloria,» en *The Weight of Glory and Other Addresses.* Revisado y editado expresamente. (Nueva York: Macmillan, 1980), pp. 18, 19.

CAPÍTULO UNO

PROCURANDO VER TRAS LA CORTINA

Canalización – Reencarnación –
Experiencias cercanas a la muerte

Durante los últimos meses de lucha contra el cáncer, Jacquelyn Helton escribió un diario. Sus pensamientos y sentimientos se convertirían en un legado para su esposo, Tom, y su hija de dieciocho meses, Jennifer.

En su diario, ella se pregunta: ¿cómo sería la muerte? ¿Cómo estaría vestida para su entierro? Piensa en su hija. ¿Quién la amará? ¿Quién la acompañará a su cama para dormir? En sus escritos, le dice a Jennifer que cuando sienta algún dolor, debe recordar que para su mamá estos habrían sido importantes. Luego, piensa en su esposo y en las necesidades que él tendrá cuando ella haya partido.

Finalmente exclama: «¿Qué pasa contigo, Dios? Mi familia no es una tropa de pequeños militares con entrenamiento, que puedan comprender el sentido de todo esto por sí solos: ¡Debes ser un idiota para pretender que esto salga adelante!»

La negación, la rabia, el temor, la depresión y la resignación desesperanzada; todos estos sentimientos afloran en las almas de aquellos que se enfrentan con la muerte. Sin importar que la muerte sea común a la raza humana; cada persona debe afrontar individualmente esta última ignominia. Nadie puede vivir este momento en nuestro lugar. Los amigos y familiares pueden tan sólo acercarse a la cortina; el moribundo debe desaparecer solo tras el velo.

Es comprensible que Jacquelyn fuese perspicaz al enfrentar su inexorable partida. Ella pensaba en el misterio que se oculta tras el velo encubierto. Anhelaba tener una idea, poder vislumbrar el futuro, que le diera seguridad para no sentir temor. Pero ni su curiosidad ni su deseo de vivir, evitaron que se escurriera detrás de la cortina, para ingresar sola en la noche. ¿Se encontrará a sí misma, plenamente consciente, en alguna caverna oscura buscando compañía sin encontrarla?

Tom Howard afirma que al momento de enfrentarnos con la muerte, somos como una gallina frente a una cobra, incapaz de hacer cualquier cosa en presencia de algo que precisamente la obliga a tomar una acción drástica y decisiva. «De hecho, no hay nada que podamos hacer,» escribe. «Digamos lo que digamos o bailemos como queramos, muy pronto seremos un montón de plumas y huesos maltrechos, que no se pueden distinguir del resto de ruinas que hay alrededor. No importará en lo más mínimo si enfrentamos al enemigo con ecuanimidad, con gritos desesperados o con soberbia gallardía, *ahí es donde vamos a estar.*»[1]

Como es natural, deseamos saber anticipadamente lo que podemos esperar al otro lado. La naturaleza humana, siendo lo que es, se aferra a alguna pista, a cualquier información que podamos obtener de aquellos que están a punto de cruzar la frontera. Estamos ansiosos de escuchar una buena palabra, con la seguridad de que todo saldrá bien. Cuando el actor de televisión Michael Landon (de los programas «La familia Ingalls» y «Bonanza»), yacía en su lecho de muerte, decía confidencialmente a sus amigos, que estaba viendo una «luz blanca y brillante» que quitaba sus temores y lo llevaba a mirar hacia delante, hacia aquello que le esperaba al otro lado. Él murió en calma, anticipando lo que llamaba «una tremenda experiencia.»

La reencarnación, los estados alterados de la consciencia y las reuniones alegres en un sitio metafísico como el cielo, son temas populares en muchos éxitos de taquilla. Larry Gordon, director ejecutivo de *Largo Entertainment*, dice: «La gente busca algo que les haga sentir bien. Todos queremos creer que la muerte no es tan mala.»[2] Docenas de películas presentan un cuadro del encanto de la vida ultraterrenal. Una de ellas era promocionada con la frase: «Hay por lo menos una risa al otro lado.»

El temor a la muerte ha sido reemplazado con sentimientos de regocijo, frente a un destino en el cual todos terminan felizmente reunidos. No se hace un juicio, ni una revisión cuidadosa de la vida personal. Para estar seguros, se nos dice que la muerte tiene su misterio, pero que no debemos atemorizarnos. Dada esta presunción positiva del Gran Más Allá, no es de sorprendernos que algunas personas quieran acelerar su llegada a este destino.

¿Qué tan legítimas pueden ser las miradas momentáneas detrás de la cortina que han sido reportadas? Muchos están convencidos que la inmortalidad del alma ya ha sido confirmada mediante experiencias paranormales, las cuales no tienen otra explicación que la supervivencia del alma frente a la muerte del cuerpo, pero ¿cuánta información confiable puede transmitirse a la tierra, por parte de aquellos que afirman haber visto y escuchado desde el otro lado?

Procedamos a evaluar tres diferentes tipos de evidencia que es utilizada en algunas ocasiones para asegurarnos que todo estará bien cuando hagamos nuestra propia salida por el velo misterioso.

CANALIZACIÓN

Algunas personas afirman que pueden sostener conversaciones con los muertos. En su libro *The Other Side* [El otro lado], el obispo James A. Pike, describió detalladamente cómo hizo contacto con su hijo, el cual había cometido suicidio. Utilizando una médium espiritista, el obispo experimentó, lo que creyó ser, varias conversaciones extensas con el muchacho.

«Perdí el examen, no te puedo mirar al rostro, no puedo enfrentar la vida,» decía repetidamente el hijo de Pike. «Estoy confundido... No estoy en el purgatorio, sino en algo como el infierno, aquí... sin embargo, aquí nadie me hace sentir culpable.»[3] Jesús, decía el joven, fue un buen ejemplo, pero no un Salvador.

Otra sorpresa fue la supuesta aparición en espíritu de un amigo suyo, Paul Tillich, reconocido teólogo germano-americano que había muerto meses atrás. Pike cayó en la trampa al reconocer el acento alemán de su difunto amigo, el cual salía por los labios del médium (o canalizador).

¿Cómo debería interpretarse esta evidencia? Como teólogo liberal que era, Pike no se percató de que los demonios imitan a los muertos para crear la ilusión de que los vivos pueden comunicarse con ellos. Estos espíritus tienen un conocimiento asombroso de la vida de la persona muerta, ya que observan cuidadosamente a los individuos durante su vida terrenal. Mediante el poder del engaño, pueden emular la voz, la personalidad e incluso la apariencia física del difunto. De hecho, la versión Reina Valera traduce la palabra *médium* como «encantador», como aquel que tiene «espíritus familiares» (Levítico 19:31; 20:6, 27; Deuteronomio 18:11), sugiriendo la familiaridad que algunos demonios tienen con los individuos.

Algunas veces se usa la historia de Samuel y Saúl con el fin de justificar la comunicación con los muertos. En este suceso singular, Samuel aparentemente regresó de los muertos, pero no por medio de la bruja de Endor. Dios mismo parece haber realizado este milagro; solamente un acto tan sorpresivo puede explicar el terror de la médium (1 Samuel 28:3-25).

Debemos recordar que la voz de Samuel no habló a través de los labios de esta médium. Samuel y Saúl hablaron el uno con el otro de manera directa, debido a este sorpresivo milagro. Es más, el Todopoderoso estaba disgustado con el intento desesperado de Saúl por consultar al profeta difunto. Por eso no es de asombrarse que Saúl escuchara una profecía de juicio, según la cual él y sus hijos morirían al día siguiente; una profecía que se cumplió. Tratar de hablar con los muertos es algo que Dios condena rotundamente (Deuteronomio 18:11-12).

Así que puedes estar muy seguro de que nadie ha hablado con tu tío, primo o abuela difunta. Existen, sin embargo, espíritus que asumen el papel de las personas muertas. Sus artificios son verosímiles ya que ellos pueden realmente hablar del amor, del valor de la religión, o aún hacer referencias favorables de Cristo. Y por supuesto, conocen lo suficiente acerca del difunto como para engañar al incauto.

La habilidad de los espíritus demoníacos para enmascararse tras la personalidad del difunto, nos ayuda a entender lo que sucede en las casas embrujadas. Durante mi estadía en un hotel cercano a Calgary, un periódico local comentaba que existían por lo menos dos fantasmas en la hermosa edificación. Uno de los empleados nos mostró una escalera de mármol donde habitaba uno de estos fantasmas (esto fue verificado por el testimonio de los empleados). Una mujer recién casada, se había resbalado hacía muchos años y había rodado por las escaleras, sufriendo un golpe mortal en la cabeza. Nos dijeron que su espíritu vive ahora en las escaleras, y aparece con frecuencia.

¿Cómo podemos explicar este fenómeno? Cuando una persona en la cual viven espíritus malos muere, estos demonios necesitan reubicarse. A menudo deciden quedarse en el lugar donde ocurrió la muerte (esto es particularmente cierto en el caso de muertes violentas, tales como asesinatos o suicidios). Los demonios asumirán el nombre y características de la persona muerta y harán apariciones ocasionales bajo estas pretensiones. Tales entidades (como se llaman hoy con frecuencia), son espíritus malignos que a veces se presentan como «fantasmas amigables».

Los intentos de contactar a los muertos equivale a invitar una compañía de huestes de oscuridad, que pretenden ser ayuda, como si fuesen ángeles de luz. El profeta Isaías advirtió al pueblo que el consultar un médium era darle la espalda a Dios. «Y si os dijeren: Preguntad a los encantadores y a los adivinos, que susurran hablando, responded: ¿No consultará el pueblo a su Dios? ¿Consultará a los muertos por los vivos? ¡A la ley y al testimonio! Si no dijeren conforme a esto, es porque no les ha amanecido [no tienen la luz]» (Isaías 8:19-20).

El asunto en cuestión es, por supuesto, que toda información acerca de una vida después de la muerte que provenga de espiritistas o canalizadores, no es confiable. Aquellos que se buscan en el mundo oculto para obtener conocimiento de la muerte, están desviados del rumbo. Sí, hay vida después de la muerte, pero no podemos aprender los detalles por boca de los demonios, cuyo deleite principal es confundir y engañar. No es de asombrarse que la teología supuestamente presentada por el hijo de Pike fuera tan enredada.

No tenemos derecho de procurar asomarnos tras la cortina, estableciendo comunicación con los que se encuentran al otro lado. Una vez que la cortina, se haya abierto para admitir a un viajero, se cierra y no debemos tratar de mirar furtivamente lo que hay tras el velo.

REENCARNACIÓN

Otra forma de ocultismo que pretende dar información acerca de la vida después de la muerte es la reencarnación. Esta doctrina enseña que somos permanentemente reciclados; la muerte no es más que una transición de un cuerpo a otro. De esta forma, Shirley MacLaine asegura que podemos eliminar el temor a la muerte, declarando que no existe como tal. Mediante contactos con el mundo espiritual, ella ha descubierto que en una existencia pasada fue una princesa de la Atlántida, una inca en el Perú, e incluso fue una niña criada por elefantes. En algunas existencias anteriores fue hombre, y en otras mujer.

Una mujer que conocí en un avión, me contó que cuando era niña sabía detalles de una casa en el estado de Vermont la cual nunca había visitado. Más tarde, siendo adulta, visitó la casa, y los detalles coincidían con sus visiones. Se convenció entonces que había vivido allí durante el siglo dieciocho. Yo le respondí que no hay tal cosa como la transmigración de las almas, sino que hay una transmigración de demonios. Le dije que había obtenido el conocimiento de una familia del siglo dieciocho a través de espíritus malignos.

«Pero,» protestó la mujer, «¡no tengo nada que ver con espíritus del mal; yo me comunico únicamente con los buenos!»

«¿Cómo diferencia usted a los espíritus buenos de los espíritus malos?» le pregunté.

«Yo me comunico únicamente con los espíritus que vienen a mí vestidos de luz.»

Le recordé 2 Corintios 11:13-14: «Porque éstos son falsos apóstoles, obreros fraudulentos, que se disfrazan como apóstoles de Cristo. Y no es maravilla, porque el mismo Satanás se disfraza como ángel de luz.» ¡Claro, vestidos de luz, no hay duda!

Sus experiencias y otras similares no comprueban la reencarnación, sino más bien confirman que las personas de todas las edades pueden convertirse en víctimas de la influencia demoníaca. Existe evidencia que incluso los niños heredan con frecuencia los rasgos de sus padres o ancestros que hayan sido inducidos demoniacamente. Esto explicaría por qué algunos bebés de pocos meses, balbucean blasfemias y obscenidades que nunca pudieron haber aprendido en sus cortas vidas.

El ocultismo, de cualquier índole, no es una fuente confiable de información relacionada con lo que ocurre después de la muerte. Tan sólo prueba la existencia de un mundo espiritual, un mundo de engaño e inteligencia obscura. Dios considera todas las formas de ocultismo como abominación (Levítico 19:31; Deuteronomio 18:9-12; Isaías 8:19-20; 1 Corintios 10:14-22).

Ni Shirley MacLaine, ni cualquier otro gurú está calificado para hablarnos de la eternidad. Nadie puede probar que haya tenido la experiencia de haber sido reciclado de una existencia anterior. La cortina se abre cuando debamos entrar, pero una vez que haya sido firmemente cerrada, no se abrirá para dejarnos regresar.

EXPERIENCIAS CERCANAS A LA MUERTE

Algunas personas aseguran haber muerto y regresado a sus cuerpos para darnos información acerca de la vida ultraterrenal. En 1976, Raymond Moody, en su libro *Life After Death*[4] [Vida después de la muerte], registró las entrevistas de muchas personas que estuvieron cerca de la muerte y quienes resucitaron exitosamente. Sus narraciones, en gran parte, tenían muchos elementos similares: el paciente podía escuchar cuando lo declaraban muerto; se encontraba fuera de su cuerpo, veía a los doctores maniobrando sobre su cadáver. Durante este estado, podría encontrarse con parientes o amigos que habían muerto y luego tener un encuentro con un «ser de luz.» Cuando se entera que debe regresar a su cuerpo, lo hace con renuencia ya que la experiencia de amor y paz le inunda.

Melvin Morse, en *Closer to the Light* [Más cerca de la luz], narra historias de niños que han tenido experiencias cercanas a la muerte. De nuevo, sus historias son notablemente similares, y en casi todos los casos positivas. Es típico el relato de un joven de dieciséis años, quien es llevado de urgencia al hospital, con un problema de riñón muy severo. Mientras se encuentra él en la sala de admisiones, se desploma en la silla. Una enfermera busca oír su pulso pero no lo encuentra. Afortunadamente, fue reavivado posteriormente. Después relata su experiencia sobrenatural:

> Llegué a un cierto punto en el túnel, donde muchas luces empezaron a destellar a mi alrededor. Sentía como estar en una especie de túnel, y por la forma en que me movía para pasarlas, supe que lo hacía a cientos de millas por hora.
>
> En ese momento me di cuenta que alguien estaba conmigo. Él tenía unos siete pies de alto y llevaba puesta una larga túnica blanca, con un cinturón sencillo atado a la cintura. Su cabello era dorado, y aunque no me hablaba, yo no sentía temor porque podía sentir que irradiaba paz y amor.
>
> No, no se trataba de Cristo, pero sabía que había sido enviado por Cristo. Era probablemente uno de sus ángeles u otra persona enviada para transportarme hacia el Cielo.[5]

Recientemente, Betty Eadie, en el libro *Embraced by the Light*[6] [Abrazada por la luz], hace un fantástico relato de su visita al «otro lado.» Afirma haber visto a Cristo y aun dedica su libro a él: «A la Luz, mi Señor y Salvador Jesucristo, a quien debo todo lo que tengo. El es el bastón en quien me apoyo; sin Él fracasaría.» Sin embargo, es claro que el Cristo del que ella nos habla no corresponde al Jesús del Nuevo Testamento.

El Jesús de Eadie es un ser de luz benévolo, que la rodea de tal forma que ella no puede decir dónde se termina su propia «luz» y dónde empieza la de él. Jesús, según ella, está separado del Padre y nunca haría nada que la ofendiera. No hay razón alguna para lamentarse por los hechos del pasado, ya que como humanos no somos criaturas pecaminosas; sin duda, «los seres humanos espirituales» ayudaron al Padre celestial en la creación. Afortunadamente, el mundo no está lleno de tragedia como suponemos, y en la presencia de Cristo, concluye Eadie, «supe que era digna de abrazarlo.»[7]

¿Qué se comprueba con estas experiencias? Aparentemente, sí confirman que a la hora de la muerte, el alma se separa del cuerpo. Algunos pocos pacientes no tan sólo pudieron ver a los doctores alrededor de su cuerpo, sino que también veían lo que ocurría en otros lugares del hospital, lo cual resultaría imposible a no ser que el alma hubiera dejado literalmente el cuerpo, con el fin de obtener una visión de la tierra desde una perspectiva diferente.

Tenemos razón para creer que una persona puede ver a Cristo en la zona crepuscular entre la vida y la muerte. Antes que Esteban muriera apedreado, Dios le permitió vislumbrar del cielo. Esteban dijo: «He aquí, veo los cielos abiertos, y al Hijo del Hombre que está a la diestra de Dios» (Hechos 7:56). Esta experiencia fue única ya que ocurrió antes que Esteban muriera, no en el momento de su muerte. ¡Aquí se trató de un aliento positivo para que supiera que el cielo esperaba recibirle!

El apóstol Pablo tuvo una experiencia similar, aunque algunos piensan que él murió literalmente cuando fue recibido en el paraíso, donde pudo escuchar: «...palabras inefables que no le es dado al hombre expresar» (2 Corintios 12:4). Debido a que él dijo haber tenido esta experiencia catorce años antes de escribir estas palabras a la iglesia en Corinto, existe por lo menos alguna evidencia de que el evento coincidió con su experiencia en Listra, donde fue apedreado, arrastrado fuera de la ciudad y dado por muerto (Hechos 14:19-20). Si en efecto murió y después revivió, este relato podría clasificarse como una experiencia cercana a la muerte, o quizás aún, como una experiencia de «volver con vida de la muerte.»

Si Esteban vio a nuestro Señor antes de morir, y si Pablo murió y fue llevado al paraíso, es también posible que otros creyentes puedan tener tales visiones. Los informes de haber visto a Cristo, o a parientes muertos hace tiempo, podrían tener alguna validez. No deberíamos esperar tales experiencias, pero pueden llegar a ocurrir.

El problema, por supuesto, es que no podemos aceptar, sin

escrutinio, lo que las personas afirman haber visto detrás de la cortina. Las experiencias cercanas a la muerte pueden o no reflejar las condiciones reales de la vida más allá de la muerte. Deben ser cuidadosamente evaluadas para ver si se ajustan o no, al cuadro bíblico de la vida futura. Además, es esencial tener en cuenta, para la evaluación de lo que fue experimentado, las creencias anteriores de aquellos que informan sobre lo que han visto y escuchado.

Hay que recordar, y esto es importante, que Satanás procurará duplicar para los no creyentes las mismas experiencias positivas que Dios concedió a Esteban y a Pablo. El Gran Engañador quiere hacer que la gente crea que la relación personal con Jesucristo no tiene que ver con la belleza y felicidad que a todos espera. Si es verdad que los ángeles esperan a aquellos que han sido justificados por Cristo, es comprensible que los espíritus demoníacos esperen a los que llegan a la eternidad sin el perdón ni la aceptación de Dios.

Sabemos que por lo menos algunas experiencias cercanas a la muerte que son positivas tienen origen demoníaco, ya que contradicen fuertemente la enseñanza de la Biblia. En primer lugar, algunos como Betty Eadie, nos cuentan que el Jesús con el cual se encontraron les aseguró que todos tendrán por igual, una feliz bienvenida en la vida ultraterrenal. En segundo lugar, se nos dice que no existe un juicio, ni un examen riguroso de la vida de una persona. Muchos mencionan explícitamente que el «ser de luz» con quien se encontraron, le da a todos una bienvenida incondicional.

Una mujer comentó que al cruzar la línea entre la vida y la muerte, se encontró con Cristo, quien la llevó a una caminata. Él le explicó que todas las religiones del mundo son caminos que llevan al mismo destino. Había un camino budista, uno hindú, uno islámico, y por supuesto, un camino cristiano. Como los radios de una rueda, todos los caminos conducen al eje central del cielo. En otras palabras, todos se salvarán. Esta ha sido siempre la mentira más creíble de Satanás.

En lo que se refiere a las experiencias sobre visiones de luz ampliamente registradas, debemos recordar que, puesto que Dios es luz, es comprensible que Satanás duplique la luz como si fuera suya. No podemos sobre enfatizar el hecho que él desea disfrazarse como un «ángel de luz» (2 Corintios 11:14). Por supuesto, muchas almas que no desconfían, simplemente suponen que este «ser» que irradia luz es amable y benévolo; en una era de religión diseñada «para hacer sentir bien a la gente,» no pueden imaginar que se trate de otro ser que no sea Cristo.

Aunque las experiencias positivas cercanas a la muerte han sido ampliamente mencionadas, otras investigaciones indican que algunas personas han tenido experiencias oscuras y de malos presagios. En los libros *The Edge of Death*[8] [El filo de la muerte], de Philip J. Swihart, y *Beyond Death's Door*[9] [Más allá de la puerta de la muerte], de Maurice Rawlings, se encuentran relatos de personas que narran historias aterradoras de la vida en el más allá. Algunos han visto un lago de fuego, o una oscuridad abismal, acompañados de personas atormentadas, quienes se encuentran a la espera de un juicio. Los autores afirman que estos relatos son más precisos, debido a que se obtuvieron mediante entrevistas realizadas a personas inmediatamente después de haber muerto y sido reavivados. Estas oscuras experiencias, dicen los autores, desaparecen frecuentemente de la memoria en un corto lapso de tiempo.

No podemos sobre enfatizar el engaño perpetuado por la «religión de los reavivados» quienes únicamente describen la idea utópica de que la muerte conduce al grado más alto de consciencia para todas las personas, sin importar cuál sea su religión ni creencias. Debemos recordar que todos los relatos de experiencias cercanas a la muerte corresponden a personas que han muerto clínicamente; sin embargo, no han experimentado una muerte biológica ni irreversible. Ninguno ha resucitado. Bien sea que la experiencia sea positiva o negativa, deberá siempre ser evaluada por una autoridad confiable.

Personalmente, estoy más interesado en lo que voy a experimentar después de la muerte, que en lo que experimentaré cuando esté cerca de ella. Lo que cuenta en realidad es el *destino*, y no la *transición*. En efecto, para descubrir lo que en realidad se encuentra al otro lado, debemos encontrar un mapa más confiable, una autoridad más segura que las personas que tan sólo llegan al umbral de la vida ultraterrenal, para luego contarnos sus relatos.

Nos irá mejor si confiamos en alguien que haya muerto realmente, no en alguien que sólo estuvo cerca de la muerte. Cristo, como veremos más adelante, es el Único realmente calificado para decirnos lo que podemos esperar al otro lado. Él estuvo muerto, tan muerto que su cuerpo se enfrió y fue colocado en una tumba. Tres días después fue levantado de los muertos con un cuerpo glorificado. He aquí alguien cuya opinión merece nuestra confianza. A Juan, este Cristo resucitado le dijo: «No temas; yo soy el primero y el último; y el que vivo, y estuve muerto; mas he aquí que yo vivo por los siglos de los siglos, amén. Y tengo las llaves de la muerte y del Hades» (Apocalipsis 1:17-18).

La información confiable no nos llega cuando tratamos de asomarnos a ver lo que hay detrás de la cortina, cuando ésta se abre parcialmente. Sólo Dios sabe lo que realmente hay al otro lado del velo. Y por eso, lo mejor que podemos hacer es estudiar lo que la Biblia tiene que decirnos acerca del gran más allá.

Empezamos con el Antiguo Testamento, donde los primeros vistazos de las regiones de la muerte aparecen frente a nuestros ojos. Esto nos preparará para la revelación más clara que nos provee el Nuevo Testamento. Aunque no tenemos derecho de asomarnos tras la cortina e informar acerca de lo que hemos descubierto, podemos aceptar con gratitud todo lo que Dios nos muestra en su Palabra.

Lo que nos espera en los siguientes capítulos de este libro es su revelación, no nuestra observación. Dios abre la cortina para que podamos echar un vistazo adentro.

Veamos lo que allí se encuentra.

NOTAS

1. Tom Howard, *Christianity Today,* (29 de marzo de 1974), p. 31.
2. Martha Smilgis, «Hollywood va al cielo,» *Time.* (3 de junio de 1991), p. 70.
3. James A. Pike, *The Other Side.* (Nueva York: Doubleday, 1968), p. 115.
4. Raymond Moody, *Life After Death.* (Covington, Ga.: Mockingbird, 1975).
5. Melvin Morse, *Closer to the Light.* (Nueva York: Ivy, 1990), p. 33.
6. Betty J. Eadie y Curtis Taylor, *Embraced by the Light.* (Placerville, Calif.: Gold Leaf, 1992).
7. *Ibid.*
8. Philip J. Swihart, *The Edge of Death.* (Downers Grove, Ill.: InterVarsity, 1978).
9. Maurice S. Rawlings, *Beyond Death's Door.* (Nashville: Nelson, 1978).

CAPÍTULO DOS

EL DESCENSO A LA OSCURIDAD

El seol – El hades – El purgatorio

Un día recibí la llamada de una familia angustiada que requería los servicios de un ministro para llevar a cabo un funeral rápido. Digo que «rápido», pues me pidieron que sólo hablara unos cuantos minutos. «No queremos hacer nada religioso», me decía el hijo, «porque nada de lo que usted haga resulta suficientemente corto».

Le pregunté por qué era tan importante que el funeral fuera breve. Me contó que su familia no era religiosa; su padre, quien había muerto repentinamente, jamás había asistido a la iglesia. Ellos no creían en Dios; la única razón por la que me llamaron, era debido a que un pariente consideraba que debía estar presente un ministro.

Hice un trato con él. Ciertamente iba a ser breve; pero hablaría a los invitados acerca de lo que yo creía de la muerte en general y de Cristo en particular. Él aceptó de mala gana.

Si existe una palabra que pueda caracterizar ese funeral, la palabra es *desesperanza*. Ahí estaba un hombre que aparentemente había acumulado millones de dólares en la industria de la navegación, pero quien iba a ser incinerado precisamente aquel día, después de un largo elogio póstumo y de un sermón muy breve.

¿Qué experimentó este hombre durante el primer minuto después de su muerte? Por supuesto que yo no puedo convertirme en el juez de esta persona. Solamente Dios sabe si él alcanzó a confiar o no en Cristo como su Salvador, incluso en los minutos finales de su existencia. Pero para efectos ilustrativos, podemos presumir que murió siendo un no creyente, tal como su hijo había dicho. En este caso, ¿qué estaba experimentando este hombre, mientras nosotros nos encontrábamos reunidos en la funeraria para honrar su memoria? ¿Qué habríamos descubierto si hubiéramos podido ver más allá del elegante ataúd?

Para dar una respuesta completa a esta pregunta, debemos hacer un rápido recorrido por las enseñanzas del Antiguo Testamento relacionadas con la vida futura, para después avanzar hasta el Nuevo Testamento. Una vez hayamos finalizado, tendremos una buena comprensión acerca de lo que le estaba sucediendo a él en la región de la muerte, mientras su familia buscaba frenéticamente un ministro, para hacer que su funeral fuera adecuadamente religioso. Lo que vamos a descubrir es a la vez misterioso y aterrador.

Debemos recordar que la muerte es la consecuencia de la desobediencia de Adán y Eva en el huerto del Edén. Dios les había advertido que si comían del fruto prohibido, morirían. Ciertamente, así fue. Murieron *espiritualmente* en el sentido de que fueron separados de Dios e intentaron esconderse de Él. También empezaron a morir *físicamente*, en tanto que sus cuerpos comenzaron el viaje hasta la tumba. Si Adán y Eva no hubieran sido redimidos por Dios, habrían muerto *eternamente*, lo cual corresponde a la tercera forma de muerte. A partir de la desobediencia original en Edén, la muerte, en todas sus formas, empezó su trayecto a lo largo y ancho del mundo.

El Antiguo Testamento despliega la revelación de Dios en cuanto a una vida futura. Por supuesto, aquellos escritores no entendían tanto como nosotros, quienes contamos con la luz del Nuevo Testamento; sin embargo, ellos sabían claramente que el alma superaba la vida del cuerpo. De hecho, la creencia de que existía una conciencia en la vida ultraterrenal era tan aceptada universalmente por todas las culturas, que los escritores bíblicos sencillamente así lo creyeron. Todo lo que hicieron fue aclarar que Dios lo había manifestado mediante revelación natural.

Iniciemos un recorrido por los datos.

EL SEOL EN EL ANTIGUO TESTAMENTO

La palabra más importante en el Antiguo Testamento que se refiere a la vida futura, es el vocablo hebreo *seol*, el cual aparece sesenta y cinco veces en el Antiguo Testamento. En la versión Reina Valera de la Biblia, se traduce como: «infierno» treinta y un veces, como «tumba» otras treinta y un veces, y como «hoyo» tres veces. Esta inconsistencia en la traducción ha causado confusión en cuanto a lo que *seol* realmente significa.

En primer lugar, debemos recordar que en otra parte de la Biblia el seol se diferencia claramente del infierno (haré comentarios sobre esto más tarde). En segundo lugar, el hecho de que se traduzca en ocasiones como «tumba» no quiere decir que se refiera *únicamente* a la tumba. Algunas personas que creen esto presumen que al morir, nos sucede tal como ocurre a un perro.

No es así. Por supuesto, *seol* puede ser traducido como «tumba» en algunos contextos, debido a que la palabra incluye el concepto de tumba como tal. Sin embargo, es claro que los escritores del Antiguo Testamento creían que ir al seol no era tan sólo ir a la tumba, sino también consistía en experimentar una vida consciente más allá de la muerte.

Existe una palabra hebrea que únicamente puede traducirse como «tumba» [*kever*], pero los escritores a menudo preferían la palabra *seol* ya que comprendía la región de los espíritus que habían partido y tenían consciencia, bien fuera en estado de gozo o de tormento. La palabra *seol* no sólo se refiere a la tumba.

Con el propósito de tener mayor claridad, algunas traducciones más recientes de la Biblia no tratan de utilizar un equivalente en español para traducir *seol*. Simplemente se deja la palabra en hebreo tal como es. Por ejemplo, en el primer uso de la palabra en el Antiguo Testamento, la versión Reina Valera de 1995 cita a Jacob diciendo: «¡Descenderé enlutado junto a mi hijo hasta el seol!» (Génesis 37:35).

Así que encontramos aquí algunos hechos que debemos saber con el fin de entender lo que el Antiguo Testamento quiere decir con la palabra *seol*.[1]

En primer lugar, *hay una clara distinción entre la tumba, el lugar donde el cuerpo reposa, y el seol, donde se reúnen los espíritus de los muertos.* Aunque las tumbas están por lo general en la superficie de la tierra e incluso por encima de ella, siempre se ha pensado que el seol se encuentra por debajo, en alguna cavidad de la tierra. Isaías escribe acerca de este aspecto cuando el rey es derrocado: «El seol se espantó de ti; despertó muertos que en tu venida saliesen a recibirte, hizo levantar de sus sillas a todos los príncipes de la tierra, a todos los reyes de las naciones» (Isaías 14:9; véase también v. 10). El seol no es impersonal; es un sitio de actividad.

En segundo lugar, *el seol es a menudo referido como un lugar sombrío y oscuro, un lugar que no forma parte de esta existencia.* Otro profeta, Ezequiel, cuenta acerca de Tiro que Dios la hará «descender con los que descienden al sepulcro, con los pueblos de otros siglos, y te pondré en las profundidades de la tierra, como los desiertos antiguos, con los que descienden al sepulcro, para que nunca más seas poblada; y daré gloria en la tierra de los vivientes» (Ezequiel 26:20).

Job habla de los habitantes del seol como personas que sufren. «Las sombras tiemblan en lo profundo, los mares y cuanto en ellos mora. El Seol está descubierto delante de Él, y el Abadón no tiene cobertura» (Job 26:5-6).

En tercer lugar, *después de la muerte la persona puede reunirse con sus ancestros en el seol.* Jacob descendió al seol y fue «reunido con sus padres» (Génesis 49:33). El Señor le aseguró a Abraham que descendería en paz para encontrarse con sus padres (Génesis 15:15). Algunos han interpretado esto como una simple referencia, al hecho de que con frecuencia los huesos de una familia en particular se enterraban en el mismo sitio. Pero la clara implicación es que tendría lugar una reunión, de algún tipo, en el mundo del más allá.

Parece irrefutable el hecho de que la palabra *seol* se refiere al reino de los espíritus que han partido. Lo que parece igualmente claro es que no todos aquellos que ingresaban a este sitio compartían la misma experiencia. Para algunos, era un lugar de triste oscuridad; pero para otros, era un lugar donde podrían habitar con Dios.

Asaf, el autor de muchos de los Salmos, escribió: «Con todo, yo siempre estuve contigo; me tomaste de la mano derecha. Me has guiado según tu consejo, y después me recibirás en gloria. ¿A quién tengo yo en los cielos sino a ti? Y fuera de ti nada deseo en la tierra» (Salmo 73:23-25). Él tenía la esperanza de ver la gloria de Dios en su muerte; sin duda alguna, está hablando del cielo.

En cuarto lugar, *existen indicios en el Antiguo Testamento en cuanto a que el seol tiene diferentes regiones.* Tanto los malvados como los justos van por igual al seol. Jacob descendió al seol, pero así también lo hizo el pueblo rebelde, entre ellos Coré y Datán. Esto explica por qué existe una «región más baja». El Señor dice: «Porque fuego se ha encendido en mi ira, y arderá hasta las profundidades del Seol; devorará la tierra y sus frutos, y abrasará los fundamentos de los montes» (Deuteronomio 32:22).

La razón por la que existen dos diferentes reinos en el seol, se explica mejor al recordar que en el existen dos clases diferentes de habitantes: «Este su camino es locura... Como a rebaños que son conducidos al Seol, la muerte los pastoreará, y los rectos se enseñorearán de ellos por la mañana; se consumirá su buen parecer, y el Seol será su morada. Pero Dios redimirá mi vida del poder del Seol, porque Él me tomará consigo» (Salmo 49:13-15). Otros pasajes del Antiguo Testamento presentan un contraste similar (Job 24:19; Salmos 9:17; 16:10; 31:17; 55:15).

Quizás una de las más claras expresiones de la inmortalidad en el Antiguo Testamento proviene del libro de Daniel: «Y muchos de los que duermen de la tierra serán despertados, unos para vergüenza y confusión perpetua» (Daniel 12:2). Daniel no sólo creía que existían dos clases de personas que vivirían en permanente felicidad o desprecio, sino también que sus cuerpos serían resucitados algún día. Esta es una referencia explícita a la doctrina neotestamentaria de la resurrección corporal.

El Antiguo Testamento establece una fuerte distinción entre el malvado y el justo, con la clara implicación de que ambos tendrán destinos separados en la vida postrera. Aunque esta división interna del seol no se afirma expresamente, los rabinos de tiempos más recientes han enseñado que el seol tiene dos secciones.

Seol, por lo tanto, es un término general para referirse al mundo inferior, al lugar de los espíritus que han partido. Como escribió el erudito B.B. Warfield: «Desde el comienzo de su historia documentada, Israel atesoró la convicción más definida en la persistencia del alma en la vida después de la muerte... El cuerpo yace en la tumba y el alma parte hacia el seol.» Allí entran los justos y los malvados, aunque al llegar, no tienen la misma experiencia.

Si en el Antiguo Testamento la puerta hacia la vida después de la muerte se deja entrever por una grieta, se abre del todo en el Nuevo. Allí encontramos descripciones detalladas, tanto de los justos como de los incrédulos después de la muerte. Basados en esta información, estamos capacitados para responder la pregunta, de qué podemos esperar cuando transcurra el primer minuto después de nuestro último suspiro.

EL HADES EN EL NUEVO TESTAMENTO

Hemos aprendido que la palabra hebrea *seol* se aplica al reino de los muertos en el Antiguo Testamento. El Nuevo Testamento, sin embargo, fue escrito en griego, y allí encontramos la palabra «seol» traducida por la palabra griega *hades*. De hecho, cuando el Antiguo Testamento fue traducido al griego antes del tiempo de Cristo, la expresión *seol* se tradujo como «hades». De forma similar, cuando en el Nuevo Testamento se citan textos del Antiguo, *seol* se traduce siempre «hades», siendo ambos términos la misma cosa.

El Nuevo Testamento corre la cortina para que podamos ver hacia el hades (o seol), con mayor claridad. Como es de esperar, al igual que *seol*, la palabra *hades* nunca se aplica a la tumba, sino que hace permanente referencia al mundo de los espíritus que han partido. Aquí se nos dan algunos detalles específicos acerca de cómo es el hades, tanto para aquellos creyentes que mueren, como para los que mueren siendo incrédulos. Por lo menos desaparece en algún grado el misterio, a medida que Dios mismo abre la cortina para nosotros.

Cristo aceptó la interpretación rabínica del seol, o hades, en el sentido de que tenía dos secciones. Con el propósito de enfatizarle a los codiciosos fariseos, cómo las fortunas de los ricos podrían redistribuirse en el futuro, Jesús les contó una historia que nos lleva detrás del velo que separa a los vivos de los muertos.

Recordemos el contexto. Un hombre rico que acostumbraba vestirse de púrpura y lino fino, y que vivía en gran esplendor todos los días, murió y su alma fue llevada al hades. Un mendigo llamado Lázaro, el cual permanecía en el piso, a la puerta del hombre rico, también murió y fue llevado al seno de Abraham, (el lugar dichoso del hades). Es aquí donde comienza la descripción del más allá:

> Y en el hades [traducción griega del término veterotestamentario *seol*] alzó sus ojos, estando en tormento, y vio de lejos a Abraham, y a Lázaro en su seno. Entonces él, dando voces, dijo: Padre Abraham, ten misericordia de mí, y envía a Lázaro para que moje la punta de su dedo en agua, y refresque mi lengua; porque estoy atormentado en esta llama. Pero Abraham le dijo: Hijo, acuérdate que recibiste tus bienes en vida, y Lázaro también males; pero ahora éste es consolado aquí, y tú atormentado. Además de todo esto, una gran sima está puesta entre nosotros y vosotros, de manera que los que quisieren pasar de aquí a vosotros, no pueden ni de allá pasar acá (Lucas 16:23-26).

Sería un error pensar que este hombre atormentado terminó su camino en el hades, ¡por ser una persona rica! En otras partes del Nuevo Testamento se nos enseña claramente que nuestras riquezas, o la falta de ellas, no determinan nuestro destino eterno. Recuerda, Cristo contó su historia para sacudir a los fariseos codiciosos y hacerles caer en cuenta de que sus riquezas no los pueden salvar; las personas pobres pueden estar en mejor situación en la vida venidera. (Lo que determina exactamente el lugar donde pasaremos la eternidad, será discutido más adelante.)

Cristo describió los destinos radicalmente diferentes de un creyente y un incrédulo. Para nuestro objetivo, nos podemos enfocar en la suerte del hombre rico, tratando de entender su penosa situación, en tanto que su familia aún disfrutaba de las comodidades terrenales. Aunque podemos estar seguros de que su familia no lo sabía, él se encontraba sufriendo aguda aflicción.

Mi mente regresa al magnate de la navegación en cuyo funeral hablé, en Chicago. Tanto él como el hombre rico en la parábola, y muchos otros millones como ellos, han descubierto demasiado tarde que su poder de influencia en el mundo no pudo salvar; como tampoco su riqueza ni reputación le podían librar de este lazo. En lugar de ser vencedores, ahora son víctimas; a cambio de ufanarse de su libertad, ahora tienen que confesar su esclavitud.

En primer lugar, *el hombre en el hades estaba plenamente consciente después de la muerte.* La memoria, el habla, el dolor y la dicha, todos éstos formaban parte de su experiencia. El hombre rico dijo: «Padre Abraham, ten misericordia de mí, y envía a Lázaro para que moje la punta de su dedo en agua, y refresque mi lengua; porque estoy atormentado en esta llama» (v. 24). En el hades, un alcohólico padecerá sed y querrá una gota de licor, pero no le será dada. El drogadicto tendrá ansias de inyectarse heroína, pero no la recibirá. El hombre inmoral arderá con deseo sexual, pero nunca será satisfecho.

Los deseos que arden perpetuamente, nunca son apaciguados, la consciencia torturada sufre y nunca es calmada. Habrá cada vez más un deseo incrementado, a la par con una satisfacción reducida. En Proverbios, leemos acerca de los deseos insaciables del mundo venidero, así como los del hombre: «El Seol y el Abadón nunca se sacian; así los ojos del hombre nunca están satisfechos» (Proverbios 27:20).

Mientras escuchábamos atentamente la lectura del obituario en la funeraria, de Chicago, aquel cuya memoria era respetuosamente honrada, se encontraba padeciendo un gran dolor; tenía necesidades impetuosas que no eran satisfechas. Tenía deseos encendidos como llamas que no se consumían ni se apagaban.

En segundo lugar, *el destino eterno de este hombre estaba fijado irrevocablemente.* «Además de todo esto, una gran sima está puesta entre nosotros y vosotros, de manera que los que quisieren pasar de aquí a vosotros, no pueden, ni de allá pasar acá» (Lucas 16:23-26). En tanto que los parientes en la tierra pueden abandonar la funeraria, salir a cenar y planear vacaciones, su amigo en el hades está confinado, sin ninguna posibilidad de escape.

Tal como lo expresó M.R. DeHaan: «Una vez hayamos pasado por la puerta de la muerte, no podemos recoger nuestra maleta y devolvernos porque no nos agradaron las instalaciones.» En el hades, por tanto, hay monotonía; allí se encuentra la soledad del aburrimiento y la trivialidad. No hay desafíos para emprender; no hay metas establecidas; no hay muestras de logro y placer.

Mientras predicaba aquel corto sermón, el hombre cuyo cuerpo yacía en el hermoso féretro, estaba plenamente consciente de estar atrapado y sin salida; su futuro ya no estaba bajo su control. Tenía la certeza abrumadora de que su destino había sido irrevocablemente fijado. Como vamos a ver, su triste situación empeoraría en el futuro, nunca mejoraría.

En tercer lugar, *este hombre se conocía a sí mismo lo suficiente, como para reconocer que aquello que estaba experimentando era lo justo.* En el hades cada momento de su vida estaba presente delante de él; su traslado al mundo bajo no disminuyó, más bien aumentó esta autoconsciencia. Le rogó a Abraham que enviara a Lázaro de vuelta a la casa de su padre: «porque tengo cinco hermanos, para que les testifique, a fin de que no vengan ellos también a este lugar de tormento» (v. 28).

Tenemos razones para pensar que este hombre creía que su experiencia se debía tan sólo a dos situaciones. En primer lugar, él nunca dice que es injusto lo que le está pasando. Se queja del dolor, pero no de injusticia. En segundo lugar, y aun más importante, él sabía exactamente lo que sus hermanos debían hacer para evitar la suerte que le había tocado. Si ellos se *arrepintieran*, no tendrían que acompañarlo en su miseria.

Es increíble, pero ¡el hombre se interesó repentinamente por las misiones! Le pidió a Abraham que advirtiera a sus cinco hermanos para que no tuvieran que ir al mismo lugar de tormento. Y cuando Abraham le contestó que no, ya que tenían a Moisés y a los profetas, este hombre replicó diciendo: «No, padre Abraham; pero si alguno fuere a ellos de entre los muertos, se arrepentirán» (v. 30).

El hombre rico sabía que el pecado no perdonado conducía lógicamente a un lugar de agonía. Si sus hermanos querían escapar de este sufrimiento, tendrían que hacer algo al respecto, mientras vivían en la tierra. Con una percepción más aguda y una mejor comprensión, él podía comprender que su relación con el Todopoderoso debía haber sido su más alta prioridad.

Se podría pensar que este hombre hubiera preferido que sus hermanos se unieran a él en el hades para que le acompañasen. Pero él estaba más que dispuesto a no verlos de nuevo, si tan sólo supiera que ellos estarían al otro lado del abismo, donde Lázaro y Abraham se encontraron por primera vez. Aparentemente, aún en el hades puede haber compasión, una preocupación natural del ser humano por la suerte que corren los seres queridos.

La respuesta de Abraham nos instruye: «Si no oyen a Moisés y a los profetas, tampoco se persuadirán aunque alguno se levantare de los muertos» (v. 31).

¡Qué gran verdad! Cuando Cristo contó esta historia, aún no había muerto ni resucitado. Sin embargo enseñó que su resurrección era la única señal que le iba a dar al mundo. Sin embargo, hoy en día, aunque la evidencia de su resurrección es abrumadora, muchos hombres y mujeres todavía no creen. Como se dice: «Un hombre persuadido contra su voluntad, conserva la misma opinión.»

Recuerdo nuevamente al hombre rico que enterramos en Chicago. También él conservó la memoria intacta y pensaba en la familia que había dejado atrás. Mientras buscaba exhaustivamente un sitio donde estacionar en la funeraria y planeaba la reunión con la viuda apesadumbrada y su autosuficiente hijo, el hombre cuya muerte nos había reunido, pensaba entrañablemente en sus hijos. Recordaba cómo había tratado a su esposa, pensaba en aquellos con quienes había hecho negocios.

Las bellas palabras pronunciadas en su elogiado funeral, si las hubiera escuchado, lo habrían avergonzado. Las frívolas opiniones de los hombres ahora se elevaban para escarnecerlo. Él también, estoy seguro, se lamentaba con esperanza de que su familia se arrepintiera, ¡para no tener que ir a reunirse con él! ¡Si tan sólo *él*, y no su hijo, me hubiera podido decir lo que yo debía haber decir en su funeral!

En cuarto lugar, *no olvidemos que el hombre rico, de Lucas 16, no se encontraba aun en el infierno, sino en el hades.* Puesto que la versión Reina Valera ha traducido las palabras *seol* y *hades* como infierno, este hecho ha confundido innecesariamente a estos dos lugares diferentes. La Biblia es bien clara al afirmar que hasta ahora nadie se encuentra en el infierno. Algún día, el hades será arrojado al infierno, pero hasta el momento esto no ha sucedido (Apocalipsis 20:14).

Cuando Pedro termina su exposición acerca del juicio contra los ángeles desobedientes, añade: «Sabe el Señor librar de tentación a los piadosos, y reservar a los injustos para ser castigados en el día del juicio» (2 Pedro 2:9). La conjugación del verbo indica que el castigo es continuo, aunque el juicio final todavía es futuro.

¿Y qué ocurre con Lázaro, el creyente? Él se encontraba en el seol o hades, lugar denominado: «el seno de Abraham.» Sin embargo, después de la ascensión de Cristo, se dice que los creyentes van directamente al cielo. En otras palabras, las dos regiones del hades ya no existen una al lado de la otra; el seno de Abraham corresponde actualmente al cielo. El hades, hasta donde sabemos, sólo tiene ahora una región, y es aquella a la cual entran los incrédulos.

El hades es entonces una morada para los espíritus que han partido, un estado intermedio y temporal en el cual aquellos que no han recibido el perdón de Dios, deben aguardar hasta nueva orden. Cuando escuchen que son llamados por sus nombres, la noticia que les espera no será muy alentadora.

EL PURGATORIO DE LA TEOLOGÍA MEDIEVAL

El hades no es el purgatorio. Hemos aprendido que aquellos que se encuentran en el hades no tienen posibilidad de entrar al cielo. En contraste, se cree que el purgatorio tiene una salida. Después que el alma es purificada mediante los sufrimientos del purgatorio, se nos dice que sube a Dios. El *purgatorio* puede ser definido como un lugar temporal, en el cual los que han muerto como penitentes son purificados del pecado mediante el castigo.

La doctrina del purgatorio no se encuentra en la Biblia, fue aceptada como tradición en los tiempos medievales debido a una doctrina errada de salvación. Se creía que ninguna persona (o casi ninguna), era suficientemente justa para entrar al cielo al morir; por lo tanto, debía existir un lugar donde los hombres y mujeres purgaran sus pecados, con el fin de prepararse para las perfecciones celestiales. La estadía en el purgatorio, según la teoría, podía durar unos cuantos años o millones de años (dependiendo del nivel de rectitud que la persona alcanzara), pero eventualmente finalizaría y el penitente podría entrar al cielo.

Afortunadamente, el purgatorio es innecesario. Como vamos a ver en un próximo capítulo, cuando la justicia de Cristo se aplica a nosotros, podemos ir directamente al cielo. El apóstol Pablo, recordaremos, escribió: «Pero confiamos, y más quisiéramos estar ausentes del cuerpo, y presentes al Señor» (2 Corintios 5:8). La buena noticia es que podemos tener la misma confianza y seguridad.

Un día, en un programa de opinión, una mujer hizo una llamada y formuló la siguiente pregunta: «Mi padre, aunque era religioso, murió sin creer en Cristo como su Salvador, ¿hay algo que pueda hacer para sacarlo de donde creo fue a parar?»

Le respondí: «Tengo una noticia buena y otra mala. Primero te voy a dar la mala: no, no hay nada que puedas hacer para cambiar el destino eterno de tu padre. La buena, es que sea lo que sea que Dios haga, va a ser justo... ningún detalle va a ser pasado por alto en el juicio de tu padre... no hay ninguna posibilidad de que la información sea mal interpretada o que la pena se administre injustamente.» (Esto será discutido con mayor profundidad en el capítulo que trata acerca del infierno.)

Hasta ahora, hemos aprendido que la muerte tiene dos facetas: para el no creyente el solo hecho de pensar en la muerte es aterrador, o por lo menos debería serlo. Para quienes están en paz con Dios, la muerte es una bendición. La muerte es un medio de redención, un pasaje hacia la eternidad dichosa. Lo que esto significa será aclarado en próximos capítulos.

Cuando la cortina se abra ante nosotros, nada nos detendrá de responder al llamado. Cuando haya transcurrido un minuto después de nuestra muerte, estaremos dichosos, o de lo contrario, aterrados. Entonces será muy tarde para cambiar de o de planes de viaje.

Ahora veremos un aspecto más brillante de la muerte.

NOTA

1. Para obtener una discusión más completa del seol y el hades, véase *Death and the Afterlife*, de Robert A. Morey. (Minneapolis: Bethany, 1984), pp. 72-87.

CAPÍTULO TRES

EL ASCENSO A
LA GLORIA

Una partida — Un sueño tranquilo—
Una carpa en colapso — Un viaje en barco —
Un hogar permanente — Aflicción apacible

El médico te acaba de dar la noticia que creías posible únicamente para otra persona. Tus peores sospechas relacionadas con esa protuberancia han sido confirmadas: tienes un cáncer, el cual es prácticamente terminal. El cirujano dice que te queda máximo un año de vida.

¿A dónde acudes para ser consolado? A tus familiares y amigos, no hay duda; ahora los vas a necesitar más que nunca. Estarán ahí, sentados y perplejos, en silencio, cuando les des la noticia; te dirán que cuentas con sus oraciones y afecto. Sabes que no tendrás que caminar en soledad durante estos oscuros días.

Por supuesto, también puedes acudir a Dios. Has llegado a conocer a Cristo de manera personal y has conducido tu vida con dedicación exclusiva a Él, según y su agenda. Conoces de memoria las promesas de Dios. En un sentido, has estado preparado para esta hora desde el momento en que colocaste tu confianza en un Salvador calificado, tal vez hace muchos años.

Sin duda alguna, te encontrarás vacilando entre la desesperación y la esperanza, la negación y la determinación. A lo mejor tendrás mayor preocupación por las personas que vas a dejar del que tengas por ti mismo. Ninguno de nosotros puede predecir cómo reaccionaríamos ante esta temible noticia.

En cualquier caso, la Biblia presenta un cuadro totalmente

diferente de la muerte, y esto nos debe llenar de esperanza. Después que Adán y Eva pecaron, murieron tanto espiritual como físicamente. El hecho de sacarlos del jardín, lejos de ser un acto de crueldad, constituye en realidad una prueba de la bondad de Dios. Leemos: «Ahora pues, que no alargue su mano, y tome también del árbol de la vida, y coma, y viva para siempre. Y lo sacó Jehová del huerto del Edén, para que labrase la tierra de que fue tomado» (Génesis 3:22-23).

Si Adán y Eva hubieran comido del árbol especial que había en el jardín, el árbol de la vida, habrían sido inmortalizados en su condición pecaminosa. Nunca hubieran podido prepararse para disfrutar del cielo, tal como Dios quería. Imagina que se viviera eternamente en la condición de pecadores, sin posibilidad alguna de redención y de transformación permanente. Aunque no tuvieran que enfrentar la finalidad de la muerte, habrían sido condenados a una existencia miserable.

De esta forma Dios libró a Adán y Eva del pecado eterno al regalarles la muerte, una posibilidad de salir de la vida y llegar seguros a la maravillosa vida por venir. La muerte, aunque parece ser el mayor enemigo del hombre, demuestra ser en últimas su más grande amiga. Sólo a través de la muerte podemos ir a Dios (a no ser, por supuesto, que aún vivamos cuando Cristo regrese).

Esta es la razón por la que Pablo clasificó la muerte como una de las posesiones del cristiano: «Porque todo es vuestro: sea Pablo, sea Apolos, sea Cefas, sea el mundo, sea la vida, sea la muerte, sea lo presente, sea lo por venir, todo es vuestro, y vosotros de Cristo, y Cristo de Dios» (1 Corintios 3:21-23). No debe sorprendernos que la muerte esté en la lista como uno de los dones que tenemos. Sólo la muerte nos puede dar el regalo de la eternidad.

Cuando la iglesia cristiana fue perseguida durante los impetuosos días del imperio romano, los creyentes se dieron cuenta que los paganos podían quitarles muchas cosas, entre ellas: riquezas, alimentos, amigos y salud. Pero éstos no podían arrebatarles el don de la muerte, con el cual serían escoltados hasta la presencia de Dios. Sin duda alguna, Dios usó muchas veces a los paganos para dar a sus hijos ese regalo, sin el cual ningún hombre puede ver al Señor.

¡Piensa en cuán impotente es en realidad la muerte! En lugar de privarnos de nuestras posesiones, nos conduce a las «riquezas eternas». A cambio de una salud deteriorada, la muerte nos da el derecho al árbol de la vida, cuyas hojas son «sanidad de las naciones» (Apocalipsis 22:2). La muerte puede apartarnos temporalmente de nuestros amigos, sólo para trasladarnos al mundo en el que nunca se dice adiós.

Esta es la razón por la que Cristo afirmaba: «Y no temáis a los que matan el cuerpo, mas el alma no pueden matar; temed más bien a aquel que puede destruir el alma y el cuerpo en el infierno» (Mateo 10:28). El cuerpo puede ser la posesión temporal del cáncer o de hombres malvados, pero estos enemigos no pueden evitar que el alma vaya a Dios. Cuando los verdugos hayan hecho lo peor, se verá que Dios ha hecho lo mejor.

Manejas hasta el Hotel Drake en Chicago, alguien te ayuda a estacionar tu vehículo, mientras que un portero abre la puerta para dejarte entrar. De forma similar, la muerte es el medio por el cual nuestros cuerpos van a descansar, mientras nuestros espíritus son escoltados al entrar por las puertas del cielo. La muerte misma nos lleva hasta la puerta, la cual es abierta por Aquel «Santo, el Verdadero, el que tiene la llave de David, el que abre y ninguno cierra, y cierra y ninguno abre» (Apocalipsis 3:7). Si el Drake se enorgullece de su servicio de portería las veinticuatro horas, ¿el Buen Pastor haría menos que eso?

Cristo vino, como escribe el autor de los Hebreos: «para destruir por medio de la muerte al que tenía el imperio de la muerte, esto es, al diablo, y librar a todos los que por el temor de la muerte estaban durante toda la vida sujetos a servidumbre» (Hebreos 2:14-15). Satanás no tiene el poder de la muerte dado que no puede determinar el día en que un creyente muere. Pero ha utilizado el *temor* de la muerte para mantener atados a los cristianos, incapaces de acercarse a la cortina con la tranquilidad de hacerlo, «en plena certidumbre de fe».

En los próximos capítulos discutiré específicamente lo que podemos esperar cuando la cortina se abra para aquellos que están en paz con Dios, por medio de Cristo. Por ahora, quiero suplir consuelo al describir cinco figuras del lenguaje que nos ayudan a entender cómo se presenta la muerte en el Nuevo Testamento. Para los que están preparados, este viaje no tiene por qué atemorizarles.

La muerte en el Nuevo Testamento se transforma de un monstruo a un ministro. Lo que inicialmente nos encajona, a su vez nos libera para ir a Dios. Aquí hay unas palabras de consuelo que nos ayudarán a suavizar el golpe.

UNA PARTIDA

Jesús, cuyo valor estando al borde de la muerte representa un modelo para nosotros, se refirió a su muerte como una partida, como un éxodo. Allí en el monte de Transfiguración, Moisés y Elías aparecieron con Cristo y «hablaban de su partida, que iba a cumplir en Jerusalén» (Lucas 9:31). Esa palabra *partida* es *éxodo* en griego, de la cual proviene la expresión inglesa «*exit*», salida. El segundo libro del Antiguo Testamento se llama Éxodo, dado que incluye detalles relacionados con la salida de Egipto de los hijos de Israel.

Así como Moisés condujo a su pueblo para salir de la esclavitud, Cristo también ha atravesado su propio Mar Rojo, derrotando a sus enemigos y preparándose para conducir a su pueblo a la Tierra Prometida. Su éxodo prueba que nos puede conducir con seguridad desde la tierra hasta el cielo.

No existía temor en cuanto a hacer el viaje desde Egipto hasta Canaán; el pueblo sólo tenía que seguir a Moisés, el siervo de Dios. Una vez que atravesaran el Mar Rojo, Canaán les esperaba al otro lado. Si cuentas con un líder calificado, puedes disfrutar del viaje.

Tampoco es de temer que emprendamos el éxodo final, ya que estamos siguiendo a nuestro líder, quien va adelante. Cuando la cortina se abra, no solamente vamos a encontrarle al otro lado, sino que también descubriremos que Él es quien nos llevó hasta la cortina desde el primer momento.

Justo antes de su muerte, Cristo dijo a sus discípulos que iba a un lugar al cual ellos no podían ir. Pedro, a quien no le gustó lo que escuchaba, pretendió seguir a Cristo a todas partes. La respuesta de Cristo fue: «A donde yo voy, no me puedes seguir ahora; mas me seguirás después» (Juan 13:36).

De hecho, ahora que Él ha muerto y resucitado para ir al cielo, todos nosotros le vamos a seguir. Lo que nos anima es saber que Él no nos pide ir a donde Él mismo no ha ido. Aquel quien tuvo una salida exitosa hará que la nuestra sea igual. Cristo pagó nuestra deuda en la cruz, y la resurrección fue nuestro recibo. Su resurrección fue el «certificado de compra.»

A una niña pequeña le preguntaron si tenía temor de caminar por el cementerio. Ella contestó: «No, no me da miedo, ¡porque mi hogar está al otro lado!» Nunca se debe temer un éxodo si es la ruta a una mejor tierra.

UN SUEÑO TRANQUILO

Cuando Cristo entró a la casa del jefe de la sinagoga, consoló a la multitud diciéndoles que la hija del gobernante no estaba muerta, sino dormida (Lucas 8:52). En otra ocasión, cuando empezó su viaje a Betania, le dijo a los discípulos: «Nuestro amigo Lázaro duerme; mas voy para despertarle» (Juan 11:11).

Pablo utilizó la misma figura literaria cuando enseñó que algunos creyentes no verían la muerte sino que serían arrebatados para encontrarse con Cristo: «He aquí, os digo un misterio: No todos dormiremos; pero todos seremos transformados» (1 Corintios 15:51). No todos van a morir; algunos vivirán hasta el regreso de Cristo. Se habla de la muerte, como un sueño reposado.

Como te habrás enterado, hay algunos que enseñan acerca del «alma dormida,» esto es, creen que nadie es consciente al momento de la muerte, debido a que el alma duerme hasta la resurrección del cuerpo. Aunque esta opinión ha tenido buenos defensores, existe la dificultad de reinterpretar muchos pasajes explícitos de las Escrituras, con el fin de hacer que la doctrina se ajuste.

Moisés ciertamente no «durmió» hasta el día de la resurrección, sino que estuvo plenamente consciente cuando apareció en el monte de Transfiguración. Afirmar, como algunos dicen, que él ya había resucitado, implica presuponer algo que no se encuentra en la Biblia. Debemos contentarnos con el hecho de que aunque murió y fue enterrado por Dios mismo, no estaba inconsciente porque fue capaz de mantener una conversación con Cristo. Cuando Esteban se encontraba a punto de morir, no le pidió a la tumba que lo recibiera, sino que dijo: «Señor Jesús, recibe mi espíritu» (Hechos 7:59). Es claro que no esperaba pasar a una existencia inconsciente, sino que aguardó la dicha del cielo y la comunión inmediata con Cristo.

También tenemos la historia del ladrón moribundo, a quien Cristo dijo: «De cierto te digo que hoy estarás conmigo en el paraíso» (Lucas 23:42). Ignorando reglas de gramática y sintaxis, los que creen en el alma dormida dicen que la palabra *hoy* se refiere únicamente al momento en que Cristo dijo las palabras. Ellos interpretan las palabras de Cristo como si dijera: «Ciertamente, hoy te digo, que estarás conmigo en el paraíso.» De esta forma, según argumentan, el ladrón no iba al paraíso ese mismo día; solamente que Cristo le había hecho una promesa aquel día.

El problema es que los eruditos griegos concuerdan en que este reordenamiento de las palabras es «gramaticalmente insensato.»[1] De por sí ya es obvio que Cristo estaba reconfortando al ladrón ese mismo día, (¿acaso le habría hablado ayer o mañana?). Es claro que Cristo consolaba al ladrón diciéndole que se encontrarían de nuevo en el paraíso *antes de terminar aquel mismo día*. Imponer otro significado al texto a partir de una idea preconcebida de que el alma va a dormir, constituye un abuso contra el sentido explícito de las Escrituras.

Ciertamente Pablo esperaba reunirse con Cristo cuando muriera. Él escribe que tiene un gran deseo: «partir y estar con Cristo, lo cual es muchísimo mejor» (Filipenses 1:23). Pablo no aspira morir para que así su alma pueda ir a dormir; él espera la muerte con anhelo porque sabe que estará con Cristo, lo cual es muchísimo mejor. Nuevamente dice que prefiere estar «ausente del cuerpo, y presente al Señor» (2 Corintios 5:8). No hay forma justa de interpretar esto, a no ser que se tenga la expectativa de estar con Cristo inmediatamente después de la muerte.

El sueño se utiliza como un cuadro de la muerte en el Nuevo Testamento, ya que el cuerpo duerme hasta el día de la resurrección, pero no el alma. Se apela a la figura del sueño como un cuadro de la muerte, debido a que es un medio de rejuvenecimiento. Anhelamos el sueño cuando nos sentimos agotados por haber realizado nuestro trabajo. Es más, nunca sentimos temor de dormir, porque tenemos la certeza de despertar en la mañana; hemos comprobado miles de veces que la luz del día llegará.

Justo anoche llegué a casa de una conferencia, a las 2:30 a.m. Estaba tan exhausto, que lo último que recuerdo fue poner la cabeza en la almohada. Estaba anhelando el sueño, y este llegó rápida y pacíficamente. Esta mañana me siento fresco y capaz de continuar con el trabajo que empecé hace días. El sueño es una experiencia agradable para aquellos a quien la mañana no les atemoriza.

La diferencia, por supuesto, es que nunca hemos tenido la experiencia de la muerte, así que no estamos exactamente seguros de cómo será despertar en la eternidad. Pero podemos estar seguros de esto: aquellos que mueran en el Señor no tienen por qué temer lo desconocido, ya que van a dormir para despertar en los brazos de Dios.

Es difícil dormir cuando no se está cansado. De la misma forma, los que disfrutamos de buena salud, de una vocación que nos satisface, y de una vida familiar sana, no estamos buscando «irnos a dormir en Jesús». Pero vendrá el día en que ya no tengamos elección; tendremos que obedecer al llamado. Si vivimos lo suficiente como para cansarnos de la vida, será más atractivo el sueño. Sin duda alguna, muchos de los santos esperaban con gozo creciente el día de su descanso final.

El libro de Apocalipsis describe a los que siguen a la bestia [al anticristo] como aquellos que «no tienen reposo de día ni de noche» (Apocalipsis 14:11); pero refiriéndose a aquellos que pertenecen al Señor dice: «Bienaventurados de aquí en adelante los muertos que mueren en el Señor... descansarán de sus trabajos, porque sus obras con ellos siguen» (v. 13). Los creyentes encuentran que la muerte es el descanso gozoso de sentirse realizados. Y sus obras siguen con ellos, nunca se perderán en los anales de la eternidad. Como una piedra arrojada a una piscina, cuyas ondulaciones se siguen en círculos cada vez más extensos, así las obras de los piadosos harán eco por toda la eternidad. ¡Bienaventurados los muertos que mueren en el Señor!

«En cuanto a mí, veré tu rostro en justicia; estaré satisfecho cuando despierte a tu semejanza» (Salmo 17:15).

¡Por fin, descanso!

UNA CARPA EN COLAPSO

Pablo hablaba de la muerte como el desalojo de una carpa: «Porque sabemos que si nuestra morada terrestre, este tabernáculo, se deshiciere, tenemos de Dios un edificio, una casa no hecha de manos, eterna, en los cielos» (2 Corintios 5:1).

Nuestro cuerpo es como una carpa en la cual mora nuestro espíritu; es una estructura temporal. Las carpas se deterioran debido al cambio climático y las tormentas. Si se utilizan con frecuencia, requieren ser restauradas constantemente. Una carpa desgastada es señal de tener que mudarnos pronto. La muerte nos lleva de la carpa al palacio, cambia nuestro domicilio de la tierra al cielo.

Posiblemente hayas visto personas entusiasmadas en acampar la mayor parte del año. Pueden hacerlo, por supuesto, hasta que lleguen las lluvias o empiece a caer la nieve. A medida que van sintiéndose incómodos, mayor es el deseo de mudarse a una casa. De esta forma aquellos que sufren persecución o enfermedad anhelan fervientemente llegar al cielo, mientras que aquellos que se sienten sanos y completos quieren posponer indefinidamente la muerte. Pero vendrá el tiempo cuando aún los más fuertes de entre nosotros, tendrán que dejar su carpa atrás.

Algunas personas actúan como si fueran a vivir dentro del cuerpo eternamente, sin darse cuenta que están a punto de entrar en colapso. Una carpa nos hace recordar que somos peregrinos por la tierra, dirigiéndonos hacia nuestra morada definitiva. Alguien ha dicho que no debemos enterrar profundamente nuestras estacas, ¡ya que nos mudamos en la mañana!

UN VIAJE EN BARCO

Pablo también habla de la muerte como la salida de un barco. En un pasaje citado, escribió: «Porque de ambas cosas estoy puesto en estrecho, teniendo deseo de partir y estar con Cristo, lo cual es muchísimo mejor» (Filipenses 1:23). La palabra *partir* era utilizada para referirse a elevar el ancla. A.T. Robertson la traduce así: «Levantar el ancla y salir al mar.»

Gracias a Cristo, Pablo estaba listo para embarcarse en esta travesía especial que lo llevaría a su destino celestial. Cristo había navegado exitosamente hasta el otro lado y esperaba a Pablo en compañía de sus amigos. Por supuesto, Pablo también tenía otros amigos a su lado, y por eso añadió: «Pero quedar en la carne es más necesario por causa de vosotros» (v. 24).

Las maletas de Pablo estaban listas, pero el Capitán dijo: «¡Espera por el momento!» Años más tarde, Pablo se encontraba próximo a abandonar la orilla terrestre. Habló nuevamente de la muerte como su partida: «Porque yo ya estoy para ser sacrificado, y el tiempo de mi partida está cercano» (2 Timoteo 4:6). La señal para zarpar era inminente. Se despidió por el momento. No volvería a reunirse con Timoteo, sino que Timoteo cruzaría pronto y se encontrarían de nuevo.

El autor de Hebreos apela a las mismas imágenes para decir que podemos ir a Cristo para aferrarnos a «la esperanza puesta delante de nosotros». Añade: «La cual tenemos como segura y firme ancla del alma, y que penetra hasta dentro del velo, donde Jesús entró por nosotros como precursor» (Hebreos 6:19-20). Esto significa que no estamos echando el ancla en algo que tengamos en nuestro interior. No buscamos seguridad ni en nuestros sentimientos, ni en nuestras experiencias. Nuestra ancla está sujeta a Cristo, quien se encuentra en el Lugar Santísimo, donde Él reside ahora y su sangre pagó por nuestra salvación.

Philip Mauro sugiere que la imagen del precursor aquí presentada, corresponde a la de un hombre que en tiempos antiguos, era utilizado para dirigir una embarcación en su entrada segura al puerto. Este hombre saltaba del barco, nadaba con dificultad hasta el puerto y amarraba el fuerte lazo de la nave a una roca en la orilla. Luego, por medio de un manubrio, la embarcación era arrastrada.

De la misma forma, nuestro precursor ha ido al cielo, donde está preparado para guiarnos con seguridad hasta el Lugar Santísimo. Estamos asegurados a una roca inamovible. Que las tormentas destrocen nuestros barcos, que los pisos rechinen, que los fuertes vientos traten de desviarnos, que las corrientes nos abrumen; vamos a llegar seguros al puerto. Cada día somos empujados un poco más cerca al puerto final, por Aquel que demostró ser más poderoso que la muerte.

Tenemos un ancla que sostiene al alma
Constante y segura mientras ruge el mar,
Afirmada en la Roca inconmovible,
Clavada firme y profunda en el amor del Salvador.

John Drummond cuenta la historia de un capitán de barco, a quien se le pidió que visitara un hombre moribundo en un hospital. Cuando el capitán llegó a la habitación del enfermo, vio que alrededor de su cama había banderas decoradas con distintos colores. Al dialogar, el capitán se enteró que ambos habían trabajado en el mismo barco hacía muchos años.

—¿Qué significan esas banderas? —preguntó el capitán.

—¿Ha olvidado los símbolos? —replicó el moribundo.

Continuó diciendo: «Estas banderas significan que el barco está listo para zarpar y se encuentra a la espera de órdenes,» explicó.

Nuestras banderas deben estar siempre ondeando, porque no sabemos ni el día ni la hora de nuestra partida. Algunos reciben más notificación que otros, pero todos debemos ir cuando el Reloj Celestial lo indique.

Afortunadamente, podemos estar listos para embarcar en el último trecho de la travesía. Cristo conduce a los suyos a puerto seguro.

UN HOGAR PERMANENTE

En un sentido, hablar del cielo como nuestro hogar no constituye una figura literaria; el cielo *es* nuestro hogar. Jesús, como recordarás, habló de dejar a sus discípulos con el fin de construir una mansión para ellos en el mundo del más allá.

En la casa de mi padre muchas moradas hay; si así no fuera, yo os lo hubiera dicho; voy, pues, a preparar lugar para vosotros. Y si me fuere y os preparare lugar, vendré otra vez, y os tomaré a mi mismo, para que donde yo estoy, vosotros también estéis (Juan 14:2-3).

En la traducción Reina Valera se utiliza la expresión «muchas mansiones», la cual alude a casas de estilo ranchero con patios de cincuenta acres y limosinas parqueadas en la entrada. Pero la palabra *morada* se refiere más bien a un «lugar de habitación,» el cual podemos llamar nuestro hogar.

No debemos creer que Cristo ha estado trabajando durante dos mil años preparando el cielo para nosotros. Se dice en broma, que como Cristo fue carpintero en la tierra, está ejerciendo su profesión en la gloria, dando los toques finales a nuestras habitaciones para cuando lleguemos.

Siendo Dios, Él no tiene que empezar a trabajar con anticipación. Él puede crear nuestro hogar futuro en un solo instante. Lo que Cristo quiso señalar, es que de la misma forma en que una madre se prepara para la llegada de su hijo quien ha estado en alta mar, así también Él aguarda nuestra llegada al cielo. El cielo se llama hogar, porque es el lugar al cual pertenecemos.

Pablo escribió que en este mundo nuestro «hogar» es el cuerpo, pero en el mundo venidero estaremos «en casa» con el Señor (2 Corintios 5:6-8). Y no dejó dudas en cuanto a cuál hogar prefería: «Pero confiamos, y más quisiéramos estar ausentes del cuerpo, y presentes al Señor» (v. 8). Es comprensible que prefiriera la mansión a la carpa.

Cuando tuve que salir de mi casa nunca sentí temor de regresar. De hecho, en la universidad con frecuencia me sentía tan solo, que apenas podía esperar las vacaciones de Navidad para ir a reunirme con mis padres y hermanos, para renovar nuestros vínculos de amistad. Estando allí sentados alrededor de la mesa encontraba amor, aceptación y consuelo cuando los necesitaba. Hogar dulce hogar.

¿Por qué deberíamos temer la muerte si es la ruta hacia nuestro hogar definitivo? Jesús nos asegura que no hay nada que temer; de hecho, ¡el saber que moriremos nos da el valor y la esperanza necesarias para vivir triunfantes en este mundo!

La mayoría de nosotros halla consuelo cuando se nos dice que vamos a seguir viviendo; ¡Pablo sintió alivio cuando le dijeron que iba a morir! Siguió refiriéndose a la muerte como aquello que era «muchísimo mejor.»

El hecho de no ver la muerte con optimismo, se debe quizás a que pensamos en la muerte como algo que nos aleja *de* nuestro hogar, ¡y no como algo que nos lleva *hacia* él! A diferencia de Pablo, nos hemos apegado tanto a nuestra carpa, que simplemente no nos queremos mudar.

Hay una vieja canción que lo expresa mejor:

Este mundo no es mi hogar,
Yo sólo estoy de paso.

Mis tesoros están guardados
Más allá del cielo azul.

Morir es ir a casa, ir al cielo; vivir es existir en un país extranjero en la tierra. Algún día entenderemos mejor esta diferencia; por ahora el futuro es nuestro por fe.

El Antiguo Testamento narra la bella historia de un hombre que aparentemente fue llevado al cielo sin morir: «Caminó, pues, Enoc con Dios, y desapareció, porque le llevó Dios» (Génesis 5:24). Una pequeña niña describió a su mamá lo que había aprendido en la escuela dominical: «Un día Enoc y Dios hicieron una larga caminata, hasta que Enoc dijo que se estaba haciendo tarde. Y el Señor le dijo: "Ahora estamos más cerca de mi casa que de la tuya... ¿Por qué mejor no te quedas esta noche en mi hogar?"»

Cuando estamos más cerca del cielo que de la tierra, simplemente seguiremos caminando hasta la casa de Dios. Nuestro hogar es el lugar al que pertenecemos.

AFLICCIÓN APACIBLE

Aunque estas imágenes nos animen, aún nos damos cuenta que la muerte nos aterra. Pablo pregunta: «¿Dónde está, oh muerte, tu aguijón? ¿Dónde, oh sepulcro, tu victoria?» (1 Corintios 15:55). Una abeja puede picar sólo una vez al hombre. Aunque el insecto aún nos puede asustar, cuando se le ha quitado el aguijón no puede hacer daño. Dado que Cristo ha quitado el aguijón de la muerte, ahora sólo nos puede amenazar, pero no puede cumplir sus amenazas.

¿Tendremos la gracia para enfrentar en victoria nuestra salida? Hasta ahora no he tenido que enfrentar la inminencia de mi muerte; no puedo predecir cómo voy a reaccionar cuando me digan que tengo una enfermedad terminal.

¡Yo quisiera tener la gracia para morir, mucho antes de que la necesite! Pero el famoso predicador inglés Charles Haddon Spurgeon dijo que la muerte es el último enemigo que será destruido, y deberíamos dejarlo para el final. Añade:

Hermano, no deseas tener la gracia para morir sino hasta cuando estés muriendo. ¿De qué te serviría la gracia para morir mientras estás aún con vida? Un bote sólo es necesario cuando se llega a un río. Pide gracia para vivir, y glorifica a Cristo a partir de ella, entonces tendrás la gracia para morir cuando llegue el momento.

Tu enemigo va a ser destruido, pero no hoy... Espera

el enfrentamiento final hasta que avance el último adversario, y entretanto mantén tu lugar en el conflicto. Dios te ayudará en el momento preciso para derrotar a tu último enemigo, mientras tanto, asegúrate de vencer al mundo, a la carne y al diablo.

Algunos creyentes quienes se consideraban incapaces de enfrentar la muerte, descubrieron que tenían la fortaleza necesaria para morir alegres cuando llegó su momento. El mismo Dios que nos guía en la tierra nos escoltará todo el tiempo hasta el cielo: «Me has guiado según tu consejo, y después me recibirás en gloria» (Salmo 73:24).

Cuando Corrie ten Boom era niña, su primera experiencia con la muerte ocurrió después de visitar el hogar de un vecino que acababa de morir. Al pensar en que sus padres morirían algún día, su padre le animó preguntándole: «Cuando voy a Amsterdam, ¿en qué momento te doy el pasaje?»

—Antes de subir al tren.

—Exactamente. Así mismo tu Padre celestial te dará exactamente lo que necesitas cuando nosotros muramos. Él te lo va a dar justo cuando lo necesites.

Morir con alegría no significa que estaremos exentos de dolor, bien sea que se trate de nuestra muerte o de la de alguien a quien amamos. Algunos cristianos piensan equivocadamente que la aflicción demuestra falta de fe. Por eso sienten que es necesario mantenerse fuertes, en lugar de encarar sinceramente una pérdida dolorosa.

La aflicción apacible nos permite hacer una transición a una nueva etapa de la existencia. La viuda debe aprender a vivir sola; los padres deben soportar la soledad que ocasiona la muerte de un hijo. La pena que se aprende a afrontar sinceramente asumiendo el dolor es parte del proceso mismo de sanidad. Cristo lloró frente a la tumba de Lázaro y padeció Su agonía con «clamor y lágrimas,» en Getsemaní, en vista de su inminente muerte (Hebreos 5:7).

El dolor y la aflicción se deben esperar. Si sentimos el dolor de la soledad cuando un amigo se traslada de Chicago a Atlanta, ¿por qué no experimentar aflicción cuando un amigo nos deja para ir al cielo? Docenas de pasajes en el Antiguo y Nuevo Testamentos nos relatan cómo se lamentaban los santos. Cuando Esteban, el primer mártir cristiano, fue apedreado, se dice que «hombres piadosos llevaron a enterrar a Esteban, e hicieron gran llanto sobre él» (Hechos 8:2).

Joe Bayly, quien sufrió la pérdida de sus tres hijos, escribió de su propia experiencia: «La muerte nos hiere, pero las heridas deben sanar. A su tiempo lo harán. Pero debemos anhelar ser sanados. No podemos ser como el niño que sigue raspando la costra de su cicatriz.»[2] Como cristianos, vivimos con la tensión entre lo que «ya es nuestro» y lo que «no es todavía» parte de nuestra experiencia. Pablo instó a los creyentes a fin de que anhelaran la venida de Cristo, «para que no os entristezcáis como los que no tienen esperanza» (1 Tesalonicenses 4:13). Se esperaban manifestaciones de tristeza, diferentes a la aflicción del mundo. Existe diferencia entre las lágrimas de la esperanza y las lágrimas del desconsuelo.

Si nuestro deseo es consolar a los que lloran, recordemos que las palabras pueden sonar huecas para quienes se encuentran abrumados por el dolor. Es mejor que mediante nuestra presencia, «lloremos con los que lloran» (Romanos 12:5). Con nuestras acciones debemos decir el suceso nos conmueve, más que con nuestras palabras. Nuestra presencia y nuestras lágrimas pueden decir más de lo que pueden comunicar las palabras.

Donald Grey Barnhouse, quien regresaba a casa después del funeral de su primera esposa, pensaba en cómo consolar a sus hijos. En ese momento, un camión pasó al lado de su automóvil y la sombra les cubrió por un instante. Barnhouse preguntó: «¿Hijos, preferirían ser arrollados por un camión, o por su sombra?» Los niños contestaron: «¡Por supuesto que preferiríamos la sombra!»

Barnhouse les dijo: «Hace dos mil años el camión de la muerte atropelló al Señor Jesús... ¡ahora la muerte sólo nos puede arrollar con su sombra!»

Aunque ande en valle de sombra de muerte,
No temeré mal alguno, porque tú estarás conmigo.(Salmo 23:4)

La muerte es la carroza que nuestro Padre celestial envía para que nos lleve a sí mismo.

NOTAS

1. Para obtener una crítica completa de la teoría del alma dormida, véase el libro de Robert Morey: *Death and the Afterlife*. (Minneapolis: Bethany House, 1984), pp. 199-222.
2. Joseph Bayly, *The View from a Hearse*. (Elgin, Ill.: David C. Cook, 1969), p. 36.

CAPÍTULO CUATRO

¡𝓑IENVENIDO!
¡HAS LLEGADO!

*Tu personalidad — Tu estado intermedio —
Tu cuerpo resucitado —La muerte de infantes —
El enemigo se vuelve amigo*

Cuando Del Fahsenfeld se encontraba batallando contra un extraño tumor cerebral, en el mes de abril, los doctores le aseguraron que moriría antes de Navidad. Cuando lo entrevisté, me dijo que anhelaba seguir a Dios mientras tuviera fuerzas, así, cuando llegara la debilidad resistiría el sufrimiento confiadamente. «Cuando llegas de noche a tu hogar» me decía, «puedes desplazarte en la oscuridad de tu casa porque has estado allí muchas veces en la luz.»

Cuando Del murió, en noviembre de aquel año, los que estuvieron cerca informaron que murió en buenas condiciones. Para él, la oscuridad de la muerte era como la luz. Estaba preparado para aquella hora final. El Cristo a quien había conocido por tantos años le condujo a través de la cortina hasta el otro lado.

¿Qué podemos esperar del primer minuto después de nuestra muerte?

Mientras tus parientes se lamentan en la tierra, te encontrarás en los alrededores que están más allá de nuestra imaginación. Lo más probable es que hayas visto ángeles a quienes se les asignó la responsabilidad de escoltarte hasta tu destino, como los ángeles que llevaron a Lázaro hasta el «seno de Abraham.»

En enero de 1956, cinco jóvenes misioneros fueron asesinados con lanzas, en la selva ecuatoriana. Los atacantes se han convertido al cristianismo y han contado a Steve Saint, hijo de uno de los mártires, que mientras ocurría la masacre escucharon y vieron lo que ahora creen, eran ángeles. Una mujer quien se había escondido a cierta distancia, también dice haber visto a estos seres por encima de los árboles, y no sabía qué tipo de música era hasta que escuchó la grabación de un coro cristiano.[1]

Aunque no son muy frecuentes las revelaciones de ángeles como en este caso, el incidente nos hace recordar que estos seres celestiales que nos observan en la tierra, también nos esperan en el cielo. Por supuesto que nuestro mayor deseo es el de ver a Cristo, quien estará muy cerca para darnos la bienvenida, sin embargo, los ángeles también lo estarán.

Dado que somos las ovejas de Cristo, Él nos llama por nuestro nombre, quizás de la misma forma en que lo hizo con Esteban (Hechos 7:55). Al ver Sus ojos encontramos compasión, amor y comprensión. Aunque somos indignos, sabemos que Su bienvenida es genuina. Vemos las marcas de los clavos, y esto nos trae recuerdos que nos llevan a caer sobre nuestro rostro en adoración. Si no fuera por Su tierna mano que nos ayuda a levantarnos, seríamos incapaces de hacerlo.

Aunque existan muchas cosas diferentes, tú seguirás siendo el mismo. Has entrado al cielo sin experimentar una ruptura en tu consciencia. En la tierra los amigos enterrarán nuestro cuerpo, pero no podrán enterrar nuestro *ser*. La personalidad sobrevive la muerte del cuerpo. Justo antes de morir, Esteban dijo: «Señor, recibe mi espíritu.» No dijo: «Recibe mi cuerpo.» La muerte, como alguien ha dicho, «es un asunto poderoso,» porque continúas viviendo en otro lugar sin interrupciones de ninguna clase.

TU PERSONALIDAD SE PERPETÚA

Estamos acostumbrados a dialogar acerca de las diferencias que existirán cuando se realice nuestra transición de la tierra al cielo. Pero también hay aspectos muy similares. Dado el hecho de que nuestras personalidades se perpetúan, es de esperar que haya continuidad. El cielo es la misma vida terrenal del creyente, sólo que glorificada y perfeccionada.

El conocimiento personal continúa

Cuando haya transcurrido un minuto después de morir, nuestras mentes y recuerdos serán más claros que nunca antes. En el capítulo 2, repasamos la historia de Jesús acerca del hombre rico que fue al hades con su memoria intacta. Él recordaba a su familia cuando afirmaba: «Tengo cinco hermanos.» La muerte no cambia lo que sabemos; nuestras personalidades seguirán tal como son, con la misma información que hemos almacenado en nuestras mentes hasta el día de hoy.

Piensa en tu trasfondo: tus padres, hermanos, hermanas, reuniones familiares. Por supuesto, en el cielo recordarás todo esto y aún más. ¿Piensas realmente que sabrás menos en el cielo, de lo que sabes en la tierra? ¡Es ilógico!

Una vez que estemos en el cielo, nos encontraremos con muchas personas, algunos conocidos por nosotros en esta vida, o a través de las páginas de la historia eclesial, otras personas anónimas en este mundo pero igualmente honradas en el mundo venidero. En el monte de Transfiguración, tres de los discípulos conocieron a Moisés y Elías. Hasta donde sabemos, no fueron necesarias las presentaciones, ni se requerían escarapelas. En el cielo habrá un conocimiento intuitivo, ya que nuestras mentes se librarán de las limitaciones impuestas por el pecado.

Por supuesto, no lo sabremos todo, ya que tal conocimiento pertenece únicamente a Dios, pero vamos a «conocer todo», conoceremos plenamente así como «fuimos conocidos» (1 Corintios 13:12). En el cielo, vamos a conocer tal como hemos conocido en la tierra, con la diferencia de que el deseo de pecar ya no será parte de nuestra naturaleza.

El amor personal continúa

Recordemos nuevamente al hombre rico, intercediendo por sus hermanos para que no tuvieran que ir al mismo lugar de tormento. Él no solo sabía quiénes eran sus hermanos, sino que también se preocupaba por ellos. Los amaba tanto que estaba dispuesto a no verlos nunca más, con tal de que no se unieran a él en ese lugar de tormento. Aceptaría la soledad a cambio de que ellos experimentaran consuelo.

Por supuesto, querida viuda, tu esposo que está ahora en el cielo te sigue amando como te amó en la tierra. Actualmente él te ama con un amor más profundo, cariñoso y puro. Es un amor purificado por Dios. Tu hijo te ama, al igual que tu mamá y tu papá. Ya no existen rupturas en el amor, así como hay continuidad en el pensamiento. La muerte rompe lazos en la tierra, pero los renueva en el cielo.

Cristo aclaró que no vamos a casarnos ni a darnos en casamiento en el cielo. Pero eso no quiere decir que vamos a ser asexuados. En el cielo conservarás tu género, femenino o masculino. Tu mamá será conocida como tal en el cielo; tu hijo o tu hija serán conocidos como miembros de tu familia terrenal. Me gusta lo que Chet Bitterman dijo después de que su hijo misionero fuera asesinado por guerrilleros: «Tenemos ocho hijos. Todos están vivos: uno está en el cielo y siete están en la tierra.»

Nuestro amor por Dios también se intensificará. En el cielo, por fin sin distracciones, Dios podrá ser amado, ya que la fe ha dado lugar a la vista. Seguiremos amando todo lo que amamos en la tierra, a excepción del pecado. En el cielo, nuestros afectos serán como fueron en la tierra, pero en una medida mayor.

No existe evidencia de que, quienes están en el cielo puedan vernos realmente, aunque podría ser posible. Lo más probable es que puedan solicitar noticias actualizadas sobre nuestra condición. No me imagino que tal petición sea negada.

Cuando su abuelo murió, una niña de siete años, de la iglesia Moody, preguntó a su papá: «¿Podemos pedirle a Jesús que le envíe un mensaje al abuelo?» La pregunta lo tomó de sorpresa, pero él se dio cuenta que nada en su teología podía justificar una respuesta negativa. Así que le respondió: «Sí, eso es posible; digámosle a Jesús lo que queremos que sepa el abuelo.»

No podemos estar seguros de que Jesús le haya dado el mensaje al abuelo, pero debemos estar de acuerdo en que la teología de esta pequeña niña era mucho mejor que la de millones de personas en el mundo. Ella sabía que *aunque podamos pedirle a Jesús que envíe un mensaje al abuelo, ¡no le oramos al abuelo para enviarle mensajes a Jesús!*

Debemos advertir, sin embargo, que los que están en el cielo no se pueden comunicar con nosotros. En el primer capítulo, enfaticé que la Biblia prohíbe estrictamente cualquier intento de comunicación con los que han muerto. Debemos satisfacernos con saber que tienen más conocimiento que nosotros, y que algún día vamos a estar con ellos. Dios nos ha dicho todo lo que necesitamos saber en esta vida; necesitamos dejar a nuestros seres queridos a Su cuidado amoroso en la vida venidera.

Si los que están en el cielo pudieran hablar con nosotros, ¿qué nos dirían? Nos animarían a ser fieles; nos dirían que si tan sólo supiéramos cuán generoso es Dios, haríamos todo lo que pudiéramos para agradarle. «Pues tengo por cierto que las aflicciones del tiempo presente no son comparables con la gloria venidera que en nosotros ha de manifestarse» (Romanos 8:18). Nos dirían que viviéramos en la tierra con el cielo en nuestras mentes.

Los sentimientos personales se perpetúan

Piensa en tu más puro deleite en la tierra; luego multiplícalo muchas veces y vislumbrarás la euforia celestial. Aún en el Antiguo Testamento, David conocía lo suficiente como para escribir: «En tu presencia hay plenitud de gozo; delicias a tu diestra para siempre» (Salmo 16:11). El cielo es el perfeccionamiento actual de los más altos momentos de nuestra experiencia cristiana.

¿Y qué del dolor? Sí, habrá dolor hasta que Dios mismo «seque toda lágrima de los ojos de ellos» (Apocalipsis 7:17; 21:4). Al pensar en las oportunidades que hemos desperdiciado, al considerar lo imperfecto de nuestro amor por Cristo en la tierra, nos vamos a lamentar. Tal tristeza se desvanecerá, pero en aquel momento nos daremos cuenta en realidad de lo que pudimos haber sido.

Si todavía nos inquieta saber si los espíritus que han partido experimentan nuestras mismas emociones, leamos estas palabras:

> Cuando abrió el quinto sello, vi bajo el altar las almas de los que habían sido muertos por causa de la palabra de Dios y por el testimonio que tenían. Y clamaban a gran voz, diciendo: ¿Hasta cuándo, Señor, santo y verdadero, no juzgas y vengas nuestra sangre en los que moran en la tierra? (Apocalipsis 6:9-10).

El conocimiento, el amor, los sentimientos, los deseos de justicia, todos estos elementos forman parte de la experiencia vivida por aquellos que se nos han adelantado para ir al cielo. Recuerda que la personalidad, en todo su conjunto, simplemente continúa en la vida postrera. El cielo tiene sus diferencias, pero está habitado por tus amigos, los cuales siguen siendo las mismas personas que alguna vez vivieron en la tierra. ¡Todavía son tus amigos!

Las actividades personales continúan

Sí, en el cielo vamos a descansar, pero no se trata del descanso de la inactividad. Con bastante probabilidad continuaremos con muchos de los proyectos que conocimos en la tierra. Los artistas producirán arte como nunca antes; el científico podrá ser invitado a continuar con su exploración de la magnífica creación de Dios. Los músicos harán música; todos nosotros continuaremos aprendiendo.

Aquí somos apenas unos retoños, dice Maclaren, pero seremos transportados al suelo celeste para crecer bajo la luz de Dios. Aquí en la tierra, nuestras habilidades están apenas en capullo; allá florecerán y darán frutos de gran belleza. Nuestra muerte no es más que poder pasar de un grado de servicio amoroso a otro; la diferencia es como la que hay entre el niño que no ha nacido, y aquel que ha empezado a tener las experiencias de una nueva vida. Nuestro amor por Dios continuará, pero despertará con pureza y propósito renovados.

El famoso escritor puritano Jonathan Edwards creía que los santos en el cielo empezarían por contemplar el cuidado providencial de Dios hacia la iglesia terrenal, para luego pasar a otros aspectos del plan divino, de tal forma que «las ideas de los santos aumentan con la eternidad».

Tu «yo real» es el que va a vivir allá.

EL ESTADO INTERMEDIO

La pregunta que hay en nuestras mentes es la siguiente: ¿Qué clase de cuerpo tienen los santos que están ahora en el cielo? Dado que el cuerpo resucitado y permanente está aún en el futuro, ¿qué tipo de existencia tienen los creyentes en este momento, mientras lees este libro?

Teniendo en cuenta que la resurrección del cuerpo es un evento futuro, ¿son los santos que habitan actualmente el cielo espíritus sin cuerpo? O, ¿acaso poseen alguna clase de cuerpo temporal «*intermedio*» que será despojado el día de la resurrección; el día en que recibamos nuestros cuerpos glorificados y permanentes?

El punto de desacuerdo radica en las palabras de Pablo en 2 Corintios 5:1: «Porque sabemos que si nuestra morada terrestre, este tabernáculo, se deshiciere, tenemos de Dios un edificio, una casa no hecha de manos, eterna, en los cielos.» La pregunta es: ¿A qué periodo futuro se refiere él cuando habla de llegar a tener «un edificio eterno de Dios en los cielos»? ¿Obtendremos aquel edificio [un cuerpo] al morir, o lo recibiremos en la resurrección futura? Pablo se retrae de la idea que su alma tenga que pasar por un periodo de desnudez, un tiempo en el cual existiría sin tener un cuerpo.

Una posible explicación es que Dios crea un cuerpo para estos creyentes, lo cual daría cuenta de la forma en que los redimidos en el cielo pueden relacionarse con Cristo y entre ellos mismos. Puesto que los creyentes que han partido pueden cantar alabanzas a Dios y comunicarse entre ellos, parece que poseen un cuerpo en el cual pueden hacerlo. Es más, en el punto de transición entre la vida y la muerte, algunos han testificado haber visto a parientes, que ya habían partido, esperando su llegada. Esto nos lleva a la conclusión de que los santos en el cielo ya poseen cuerpos reconocibles.

En el monte de la Transfiguración, Moisés y Elías aparecieron con algún tipo de cuerpo, aunque ninguno de los dos tiene su cuerpo resucitado permanente. Se ha admitido que Elías fue llevado al cielo sin morir y que Moisés fue enterrado en el monte Nebo por Dios mismo, pero ellos también aguardan la resurrección. Sin embargo allí estaban, hablando, comunicándose y siendo evidentemente reconocidos por Pedro, Santiago y Juan.

El hombre rico quien murió y fue al hades, debe haber tenido un cuerpo, ya que podía hacer uso del habla humana y quería desesperadamente que su lengua fuera refrescada. Tenía ojos para ver y oídos para escuchar. Su cuerpo, de cualquier tipo que fuera, era sensible al dolor y fue reconocido por Lázaro, quien se encontraba al otro lado de la gran división. Usualmente, pensaríamos que los espíritus no pueden desempeñar tales funciones.

Sin embargo, debemos preguntarnos: si los santos ya tienen cuerpos en el cielo (aunque sólo sean temporales), ¿por qué Pablo en sus escritos enfatiza la resurrección? Él comenta claramente que los santos en el cielo aún no están completos ni en su condición natural.

A raíz de esto, una segunda y plausible explicación puede ser que las almas de quienes han partido, de alguna forma cumplen las funciones de cuerpo. Si ese es el caso, puede explicarse el hecho de que exista comunicación entre ellas y tengan presencia visible en el cielo. Estas capacidades del alma están implícitas en Apocalipsis 6:9-10, del pasaje citado anteriormente. Las almas que se encontraban bajo el altar tenían voz con la cual podían clamar a Dios. Y lo que es más, a estas almas incluso les fueron dadas túnicas blancas para que se vistieran mientras esperaban a que Dios las vengara.

Se ha establecido que la palabra *psychas* (traducida como «almas») tiene un amplio significado y puede también traducirse como «vidas» o «personas.» Sin embargo, la palabra se traduce con frecuencia como «alma» para distinguirla del cuerpo. Si eso es lo que Juan quiso decir, daría pie para afirmar que las almas pueden asumir forma y características corporales. Si esto nos parece extraño, es posible que nuestro concepto de «alma» sea demasiado limitado.

No podemos estar seguros acerca de cuál de estas perspectivas es la correcta. De todo esto podemos tener por cierto que: *los creyentes van directamente a la presencia de Cristo cuando mueren. Son conscientes y tienen control de todas sus facultades.* Como dijo D.L. Moody antes de morir: «Pronto leerán en los periódicos que Moody ha muerto... no lo crean... porque en ese momento estaré más vivo de lo que jamás he estado.»

No tenemos que saber exactamente qué clase de cuerpo vamos a tener, con el fin de tener la certeza de que nuestras personalidades continuarán. Seremos las mismas personas que fuimos en la tierra, tendremos los mismos pensamientos, sentimientos y deseos. Aunque nuestras luchas contra el pecado habrán terminado, seremos conscientes de quiénes somos en realidad. No habrá duda alguna en nuestras mentes en cuanto a que nos hemos trasladado de un lugar a otro sin hacer paradas intermedias.

Sin embargo, nos encontraremos aguardando el momento de nuestra resurrección definitiva.

EL CUERPO RESUCITADO

La doctrina neotestamentaria de la resurrección es una afirmación de que somos una unidad física y espiritual, y que la intención de Dios es volvernos a juntar nuevamente. Aunque el alma se puede separar del cuerpo, es una separación temporal. Si vamos a vivir para siempre, tendremos que ser juntados como un ser humano unificado: cuerpo, alma y espíritu.

Algunos cristianos asumen que Dios va a crearnos cuerpos nuevos y permanentes, mediante un acto *ex nihilo*, es decir, de la nada. Si así fuera, la doctrina de la resurrección no sería necesaria. En 1 Corintios 15, Pablo hace cuatro contrastes entre nuestros cuerpos actuales y los futuros: «Se siembra en corrupción, resucitará en incorrupción. Se siembra en deshonra, resucitará en gloria; se siembra en debilidad, resucitará en poder. Se siembra cuerpo animal, resucitará cuerpo espiritual» (1 Corintios 15:42-44).

En primer lugar, *somos sembrados en un cuerpo corruptible, pero seremos resucitados en uno incorruptible.* Al igual que ocurre con una semilla sembrada en la tierra, existe una continuidad entre la bellota y el árbol, entre el grano y el tallo. No todas y cada una de las partículas que alguna vez fueron parte de ti tienen que ser resucitadas, y Dios podría incluso añadir material para suplir cualquier deficiencia.

En el cielo, nadie hará comentarios sobre tu edad, nadie notará que los años han empezado a hacer de las suyas. Te verás igualmente joven de aquí a mil millones de años o dentro de mil años.

Como escribió el Dr. Hinson:

> *Las estrellas vivirán un millón de años,*
> *Un millón de años y un día.*
> *Pero Dios y yo viviremos y amaremos*
> *Aun cuando las estrellas se hayan apagado.*

En segundo lugar, *somos sembrados en deshonra, pero resucitaremos en gloria.* Cuando un cuerpo es transportado a la funeraria, siempre va cubierto por una sábana para evitar que ojos curiosos contemplen la ignominia de un cadáver. Cada cuerpo inerte nos hace recordar nuestra deshonra y fragilidad. Pero seremos resucitados en gloria.

En tercer lugar, *somos sembrados en debilidad, pero resucitaremos en poder.* El cuerpo resucitado no está sujeto a fuerzas materiales. Recuerda cómo Cristo atravesó las puertas cerradas después de su resurrección. Ten presente que la razón por la que el ángel hizo rodar la piedra en el sepulcro no era para que Cristo saliera, ¡sino para dejar entrar a los discípulos!

Finalmente, *somos sembrados en un cuerpo animal, pero vamos a resucitar en un cuerpo espiritual.* Decir que vamos a tener un «cuerpo espiritual» no significa que vamos a ser solamente espíritus. El cuerpo glorificado de Cristo era tan humano, que Él invitó a los discípulos a que lo tocasen y afirmó: «Mirad mis manos y mis pies, que yo mismo soy; palpad, y ved; porque un espíritu no tiene carne ni huesos, como veis que yo tengo» (Lucas 24:39).

Habrá entonces continuidad, con una diferencia. Nuestro cuerpo futuro será como el cuerpo resucitado de Cristo: «Pero sabemos que cuando él se manifieste, seremos semejantes a él, porque le veremos tal como él es» (1 Juan 3:2). Reflexiona en todo lo que esto implica.

La continuidad entre el cuerpo terrenal y espiritual de Cristo es muy clara; por ejemplo, las marcas de los clavos estaban en sus manos. Los discípulos le reconocieron al instante, e incluso Él comió pescado con ellos a la orilla del mar. Pero hubo también cambios radicales. Tenía la capacidad de viajar de un lugar a otro sin esfuerzo físico, y atravesaba puertas sin abrirlas.

Evidentemente, nosotros también podremos viajar sin

esfuerzo. Así como Cristo podía estar en Galilea y aparecer después repentinamente en Judea, nosotros también nos libraremos de las limitaciones propias del viaje terrestre. Esto no quiere decir, por supuesto, que vamos a ser omnipresentes, como lo es Dios; estaremos limitados a un solo lugar en un solo tiempo. Pero el desplazamiento será rápido y sin esfuerzo.

Sin embargo, para el deleite de muchas personas, aún comeremos, no debido a que sintamos hambre, sino porque nos gozaremos en el compañerismo que ofrece esta actividad. Después de la resurrección, Cristo comió pescado con sus discípulos a las orillas de Galilea. Y por supuesto, los creyentes estarán presentes en la cena de la boda del Cordero (Apocalipsis 19:7).

LA MUERTE DE INFANTES

Precisamente esta semana hablé por teléfono con una amiga cercana, quien acababa de perder un bebé; la pequeña Grace Elizabeth murió en su primer año de vida. Dado que hay continuidad entre el cuerpo terrenal y el celestial, ¿tendrá ella que ser un infante para siempre?

Recientemente, mi esposa y yo nos preparábamos con entusiasmo para ser abuelos; sin embargo, Dios tenía otros planes. Nuestra nieta, Sara, murió al nacer. Hemos luchado, junto con nuestra hija y yerno, preguntándonos cuál puede ser el propósito de Dios en medio de nuestro desconcierto y aflicción.

Por supuesto, creo que nuestra preciosa Sara está en el cielo; sin embargo, debemos tener claridad en cuanto a por qué creemos que ella y otros niños van a estar allí. Contrario a la opinión popular, los niños no van a ir al cielo a causa de su inocencia. Pablo enseñó claramente que los niños nacen bajo la condenación del pecado de Adán (Romanos 5:12). Sin duda alguna, debido a que nacen pecadores, llegan a experimentar la muerte.

Tampoco deberíamos hacer distinción entre los niños que son bautizados y aquellos que no lo son, suponiendo que tal ritual pudiera convertir a una persona en hijo de Dios. La idea del bautismo infantil tuvo auge en el norte de África, años después de haber sido escrito el Nuevo Testamento. Aún si pudiera justificarse teológicamente como una señal del pacto (afirmación debatible), no existe evidencia alguna de que pueda dar a los niños el regalo de la vida eterna.

Si los niños se salvan (y creo que así será), esto es posible solamente porque Dios pone su condición pecaminosa sobre Cristo; y dado que son demasiado pequeños como para creer, son eximidos de cumplir el requerimiento de una fe personal. No sabemos a qué edad se consideran personalmente responsables. Es imposible sugerir una edad, ya que puede variar dependiendo de la capacidad y el desarrollo mental del niño.

Hay fuertes indicios de que los niños que mueren se encuentran con el Señor. David perdió dos hijos por los cuales se afligió profundamente. Por Absalón, su hijo rebelde, lloró descontrolado y rehusó ser consolado, pues no tenía certeza del destino que le esperaba al joven. Por el contrario, cuando el hijo que tuvo con Betsabé murió, se bañó y ungió a sí mismo, y fue a la casa del Señor para adorar. Él dio la siguiente explicación a los que preguntaban por su comportamiento: «Mas ahora que ha muerto, ¿para qué he de ayunar? ¿Podré yo hacerle volver? Yo voy a él, mas él no volverá a mí» (2 Samuel 12:23).

Cristo veía a los niños como quienes están cerca de Dios y del reino de los cielos: «Mirad que no menospreciéis a uno de estos pequeños; porque os digo que sus ángeles en los cielos ven siempre el rostro de mi Padre que está en los cielos» (Mateo 18:10). Los niños están muy cerca del corazón de Dios.

¿Un bebé que ha muerto será por siempre bebé en el cielo? James Vernon McGee ha insinuado que Dios va a resucitar a los infantes tal como estaban al morir, y que los brazos maternales que sufrieron su partida, tendrán la oportunidad de alzar a sus pequeños. El padre que nunca tuvo la oportunidad de estrechar esa pequeña mano, recibirá el mismo privilegio. De esta forma los niños crecerán con sus padres en el cielo.

No sabemos si esto pueda ser así o no. Pero de esto podemos estar seguros: un niño será completo en el cielo. O bien tendrá la apariencia de una persona plenamente desarrollada, o sus capacidades mentales y físicas serán expandidas para que tenga las mismas condiciones del resto de redimidos. El cielo no es un lugar para ciudadanos de segunda categoría; todos los impedimentos serán removidos. El cielo es un lugar de perfección.

La muerte de un infante, sin embargo, desata en todos nosotros una lucha frente a la voluntad y el propósito de Dios. Parece extraño que Dios conceda el don de la vida para después arrebatarlo, antes de que pueda florecer y llegar a una condición útil. Pero podemos estar seguros de que hay propósito en tal vida, aunque no lo podamos discernir inmediatamente.

James Vernon McGee continúa diciendo que cuando un pastor pretende conducir a sus ovejas a mejores pastos y tiene que hacerlas subir por caminos tortuosos y espinosos en la montaña, se encuentra muchas veces con que las ovejas no están dispuestas a seguirlo. Entonces, el pastor toma del rebaño a dos corderitos y carga a cada uno en sus brazos. De esta forma empieza a subir por el camino escarpado. Pronto las dos ovejas madres de los corderitos empezarán a seguirle, y después todo el rebaño. Esta es la forma como ascienden por el tortuoso camino para llegar a pastos más verdes.

Así mismo ocurre con el Buen Pastor. Algunas veces toma un corderillo del rebaño para sí. Él usa esta experiencia para conducir a su pueblo, para llevarlo a nuevas alturas de compromiso, a medida que siguen al corderito, hasta llegar a su hogar definitivo.

Una pequeña niña murió en el hotel donde se hospedaba con a su padre. Como su madre ya había muerto, solo dos personas acompañaron el cuerpo hasta el cementerio: su padre y el ministro. Este hombre su padre lloraba desconsoladamente mientras tomaba la llave para abrir el féretro y ver el rostro de su hija por última vez. Luego cerró el féretro y le entregó la llave al encargado del cementerio.

Cuando regresaban, el ministro citó Apocalipsis 1:17-18, al quebrantado padre: «No temas; yo soy el primero y el último; y el que vivo, y estuve muerto; mas he aquí que vivo por los siglos de los siglos, amén. Y tengo las llaves de la muerte y del Hades.»

«Usted piensa que la llave del féretro donde está su hija está en manos del encargado del cementerio,» le dijo el ministro. «Pero la llave está en manos del Hijo de Dios, y algún día vendrá y la utilizará.»

Bob Neudorf escribió: «A mi bebé»:

*¿Está bien llorar
por un bebé demasiado pequeño
para un féretro?
Sí, creo que está bien.
¿Tiene Jesús a mi pequeño bebé
En sus tiernos brazos?
Sí así lo creo.
Hay tantas cosas que ignoro
Acerca de ti, hijo mío,
¿Es él, o es ella?
¿Será callado o inquieto?*

¿Podré reconocer a alguien
de quien conozco tan poco,
Aunque amé tanto?
Sí, creo que sí.
Oh dulce, pequeño niño,
¿Puedo decir que amarte a ti
es como amar a Dios?
Amar, sin poder ver;
Abrazar, sin poder tocar;
Acariciar, aunque separados por el abismo del tiempo.
Ninguna lápida marca tu estancia,
y sólo Dios tiene registrado tu nombre.
El banquete no fue cancelado,
Sólo aplazado. Sólo aplazado.
Pero queda una lágrima
En el lugar donde habría un bebé.

El Testigo de la Alianza,
16 de septiembre de 1987, 14.
Usado con permiso.

Cuando Peter Marshall fue llevado en ambulancia a un hospital en Washington D.C., su esposa Catherine dijo que en ese momento comprendió que «la vida no es cuestión de duración, sino de donación».

Lo que realmente importa no es cuántos años puedas vivir, sino cuánto puedas aportar. Y en efecto, estos pequeños también han hecho su contribución, han abierto los corazones de sus seres queridos para que comprendan que todos nos estamos dirigiendo hacia el hogar.

NUESTRA ENEMIGA, NUESTRA AMIGA

¿Por qué resulta la muerte ser una gran bendición? Pablo dijo: «La carne y la sangre no pueden heredar el reino de Dios» (1 Corintios 15:50). El hecho es que ni tú ni yo podemos ir al cielo tal como somos actualmente. No importa cuán despiertos y dispuestos nos encontremos, ni importa cuán minuciosamente nos hayamos bañado y vestido, no estamos en condiciones de entrar al cielo. No puedes tener un cuerpo deteriorado en un hogar permanente.

La muerte nos rescata de lo interminable de esta existencia; es el medio por el cual aquellos que aman a Dios son finalmente llevados hasta su presencia. Pablo no tenía ilusiones en cuanto a si el cielo era o no mejor que la tierra. Estaba sintiendo comezón de partir y estar con Cristo, lo cual «es muchísimo mejor.» Aún nuestros heroicos intentos de vivir un día más con respiradores y otros equipos de alta tecnología, se considerarían innecesarios, si tan sólo pudiéramos ver lo que nos espera.

La muerte es nuestro enemigo únicamente a este lado de la cortina. Justo cuando pasamos tras ella, el monstruo resulta ser nuestro amigo. La etiqueta que dice «muerte» aún está pegada en la botella, pero su contenido es «vida eterna». La muerte es nuestra amiga porque nos recuerda que el cielo está muy cerca. ¿Qué tan cerca? Cerca como un latido de corazón, como un accidente de tránsito o una bala perdida, tan cerca como un accidente aéreo. Si nuestros ojos pudieran ver el mundo espiritual, podríamos descubrir que ya nos encontramos a sus puertas.

Judson B. Palmer, cuenta la historia del reverendo A.D. Sandborn, quien le precedió como pastor de una iglesia en el estado de Iowa. El reverendo Sandborn visitó una joven cristiana quien se encontraba seriamente enferma. Ella se levantó abruptamente de la cama hasta quedar casi sentada y con la mirada perdida en la distancia dijo: «Apenas abran la puerta voy a entrar,» susurró.

Luego se hundió decepcionada en la almohada. «Dejaron entrar a *Mamie* antes que a mí, pero voy a entrar pronto.»

Unos momentos después habló de nuevo: «Dejaron entrar a *Grampa* primero que a mí, pero la próxima vez seguro que voy a entrar.»

Nadie le habló a ella, ni ella dijo nada más a ninguna otra persona, parecía que estaba teniendo visiones de una hermosa ciudad. El reverendo Sandborn salió de la casa para ocuparse en otros asuntos urgentes.

Más tarde, aquel día, al pastor le informaron que la joven había muerto en la mañana. Estaba tan impresionado por lo que ella había dicho que preguntó a la familia acerca de la identidad de *Mamie* y *Grampa*. *Mamie* era una niña pequeña que había vivido cerca de ellos y se había mudado al estado de Nueva York. En cuanto a *Grampa*, se trataba de un amigo de la familia quien se había ido a vivir al suroeste.

El reverendo Sandborn procedió a escribir a las direcciones que le suministraron de estas personas, con el fin de averiguar más acerca de ellas. Para su asombro, descubrió que tanto *Mamie* como *Grampa* habían muerto la mañana del 16 de septiembre, a la misma hora en que la joven mujer se había ido a la gloria.

La muerte no es el *fin* del camino; sólo es una *curva*. El camino sólo recorre aquellas sendas por las cuales Cristo mismo ha pasado. Este Agente de Viajes no espera que nosotros mismos tengamos que descubrir el recorrido. A veces decimos que Cristo nos va a encontrar al otro lado. Esto es cierto, por supuesto, pero nos puede confundir. Nunca olvidemos que Él camina con nosotros en este lado de la cortina, y después nos guiará a través de la apertura. Nos encontraremos con Él *allá*, porque le hemos encontrado *aquí*.

La tumba no es una entrada a la muerte, sino a la vida. El sepulcro no es una bóveda vacía, sino la puerta que nos conduce al cielo. Cuando muramos, nada de Dios morirá, y su fidelidad permanecerá. ¡No es de sorprenderse que los paganos afirmaran, de la iglesia primitiva, que cargaban a sus muertos como si estuvieran en un desfile triunfal!

Aristides, un griego del primer siglo, se maravillaba del extraordinario éxito del cristianismo y le escribió a un amigo: «Si un hombre justo de entre los cristianos parte de este mundo, ellos se regocijan y dan gracias a Dios, escoltando su cuerpo con canciones y acciones de gracias como si lo estuvieran acompañando de un lugar a otro muy cercano.»

Y así es. Al morir los creyentes salen de un lugar a otro. Hay razón para estar tristes, pero «no como aquellos que no tienen esperanza.» Tal confianza hace que los incrédulos se den cuenta de que los cristianos mueren de una forma diferente.

Cristo nos da seguridad al decir: «Donde yo estoy, vosotros también estéis» (Juan 14:3).

NOTA

1. Steve Saint, «¿Tenían ellos que morir?», *Christianity Today*. (16 de septiembre de 1996), p. 26.

$\mathcal{L}$A VIDA EN LA NUEVA JERUSALÉN

Tamaño de la ciudad — Los materiales de la ciudad —
Nuestra nueva profesión— Nuestra nueva familia —
La realidad de un nuevo orden

Te encuentras acostado en el hospital, rodeado de amigos que han entrado y salido de tu cuarto caminando en puntillas, durante los dos últimos días. El médico no te ha dicho que tu muerte es inminente, porque tú ya sabes que se acerca el fin. Has tenido el valor de hablar con tu familia acerca del funeral, y te alivia saber que has hecho todos los preparativos necesarios para esta hora. Tus maletas están listas para el viaje.

Cuando expires por última vez, vendrá un doctor para verificar la muerte. Tu familia saldrá del cuarto y tu cuerpo será cubierto con una sábana, para luego ser llevado al depósito de cadáveres temporal. Mientras tu familia hace los arreglos para el funeral, tú ya habrás llegado a tu hogar permanente.

Hemos hecho énfasis en que la transición que haremos para entrar al cielo no implicará una ruptura en la consciencia. Nos vamos a encontrar con Cristo y a formar parte de la compañía de los redimidos. Aquellos a quienes no conociste en la tierra, serán reconocidos al instante, al igual que los amigos con quienes ibas a tu restaurante favorito. Tu tío pregunta por el bienestar de sus parientes, pero la conversación principal girará en torno a la belleza de Cristo, la maravilla del amor de Dios y la gracia inmerecida que te hace el beneficiario de tales bendiciones.

Una pequeña niña quien había estado viendo algunas imágenes de Cristo en la tarde, tuvo un sueño con Él en la noche.

A la mañana siguiente dijo: «Ay, Él se ve cien veces mejor que en la foto.» Ahora que puedes verle, estarás de acuerdo sin duda alguna, en que Él es mucho mejor que nuestro sueño más encantador.

Empiezas a explorar a tu antojo tu nuevo hogar. Después de todo, aquí es donde pasarás la eternidad, así que vale la pena echarle un vistazo. Cristo le aseguró a sus discípulos que el lugar que Él les estaba preparando tenía «muchas moradas». Habría lugar suficiente para todos los redimidos.

En el libro de Apocalipsis, encontramos la mejor descripción de la nueva Jerusalén, la cual es nuestro hogar permanente. Juan escribe:

> Vi un cielo nuevo y una tierra nueva; porque el primer cielo y la primera tierra pasaron, y el mar ya no existía más. Y yo Juan vi la santa ciudad, la nueva Jerusalén, descender del cielo, de Dios, dispuesta como una esposa ataviada para su marido (Apocalipsis 21:1-2).

Esta ciudad es nueva; ha sido recreada, al igual que nuestros cuerpos resucitados son creados de nuevo a partir de nuestros cuerpos terrenales. Los cielos anteriores (el cielo atmosférico) y la tierra, contaminados por el pecado, serán borrados mediante fuego para dar lugar al nuevo orden de la creación (2 Pedro 3:7-13). Esta nueva ciudad salió del cielo porque forma parte del reino celestial.

Vamos a considerar algunas características de este hermoso y permanente hogar.

TAMAÑO DE LA CIUDAD

Las dimensiones se presentan en un cubo de quinientas millas [3.885 km] cuadradas. «La ciudad se halla establecida en cuadro, y su longitud es igual a su anchura; y él midió la ciudad con la caña, doce mil estadios; la longitud, la altura y la anchura de ella son iguales» (Apocalipsis 21:16).

Si tomamos esto literalmente, ¡podemos decir que el cielo estará compuesto de 396,000 pisos (20 pies de altura por piso), cada uno con un área tan grande como la mitad de los Estados Unidos! Divide eso en condominios separados y tendrás bastante espacio para todos los que han sido redimidos por Dios, desde el comienzo de los tiempos. Los santos del Antiguo Testamento: Abraham, Isaac y Jacob, estarán ahí. Ahora pensemos en los apóstoles del Nuevo Testamento y todos los redimidos a lo largo de dos mil años de historia eclesial, el cielo será el hogar de todos ellos. Desgraciadamente, lo más posible es que la mayor parte de la población mundial no va a estar allí. El cielo, como Cristo explicó, es un lugar especial para personas especiales.

No debes temer el perderte en medio de la multitud, ni quedar inmóvil en el milésimo piso, cuando toda la actividad se esté realizando en el primer piso en la recepción. ¡Todo lo que vas a necesitar es decidir a dónde quieres ir, y allí vas a estar! Cada ocupante recibirá atención individualizada. El Buen Pastor, quien llama a sus ovejas por nombre propio, tendrá preparado un lugar especial para cada uno de sus corderos. Como alguien ha dicho, hay una corona que nos espera y que nadie más puede ponerse, una morada para nosotros a la cual nadie más puede entrar.

MATERIALES DE LA CIUDAD

Los detalles pueden estar escritos, pero son difíciles de imaginar. En *El progreso del peregrino* de Juan Bunyan, cuando Cristiano y Esperanzado vieron finalmente la Ciudad de Dios, había tanta belleza que se enfermaron de felicidad, exclamando: «Si ves a mi Amado, dile que estoy enfermo de amor.» La ciudad era tan gloriosa que no podían ni siquiera mirarla directamente, sino que debían utilizar un instrumento hecho para tal propósito. Después de todo, se trata de la habitación de Dios.

Juan escribió en Apocalipsis que la ciudad tenía la gloria de Dios. «Su fulgor era semejante al de una piedra preciosísima, como piedra de jaspe, diáfana como el cristal» (21:11). Es interesante que la ciudad comparte algunas características con la Jerusalén terrenal, pero lo que más nos impresiona son los contrastes. La nueva Jerusalén es una ciudad de belleza y brillo que no se puede imaginar.

En primer lugar, hay una pared con doce piedras que le dan fundamento y rodean la ciudad. «Y el muro de la ciudad tenía doce cimientos, y sobre ellos los doce nombres de los doce apóstoles del Cordero» (21:14).

En cuanto a los cimientos sobre los cuales está construido el muro, cada uno está adornado con un tipo diferente de piedra preciosa, la lista está en Apocalipsis 21:19-20. Hay un paralelo similar entre las joyas y las doce piedras que tenía el pectoral del sumo sacerdote (Éxodo 28:17-20).

La altura del muro es de setenta y dos yardas[65,8 m.], no muy alto en comparación con el inmenso tamaño de la ciudad, pero lo suficiente como para asegurar que sólo tenga acceso por las entradas indicadas.

En segundo lugar, notamos las doce puertas, y cada una de ellas era una perla enteriza (Apocalipsis 21:12-21). Esto nos indica que la entrada a la ciudad está restringida; sólo quienes pertenecen al lugar serán admitidos, ya que «no entrará en ella ninguna cosa inmunda, o que hace abominación y mentira, sino solamente los que están inscritos en el libro de la vida del Cordero» (v. 27).

Juan hace una mayor descripción de aquellos que permanecen fuera de los muros de la ciudad. «Mas los perros están afuera, y los hechiceros, los fornicarios, los homicidas, los idólatras, y todo aquel que ama y hace mentira» (22:15). Hay un ángel centinela en cada puerta, para asegurar que sólo sean admitidos los que tienen sus nombres escritos en el libro.

Las doce puertas se dividen en cuatro grupos; de esta forma, hay tres puertas para cada una de las cuatro direcciones. «Al oriente tres puertas; al norte tres puertas; al sur tres puertas; al occidente tres puertas» (21:13). Esto nos recuerda que el evangelio es para todos los hombres, y todas las familias de la tierra estarán representadas.

Observa que los santos del Antiguo y Nuevo Testamentos están incluidos. Los nombres de los doce hijos de Israel están escritos en las doce puertas de la ciudad, y los apóstoles del Nuevo Testamento tienen sus nombres inscritos en los cimientos. Así es evidente la unidad del pueblo de Dios a lo largo de todas las épocas.

En cuanto a la calle de la ciudad, «era de oro puro, transparente como vidrio» (v. 21). Está iluminada por la gloria de Dios, y el Cordero es su lumbrera. Ahora entendemos mejor por qué Bunyan dijo que los peregrinos debían ver la ciudad a través de un instrumento especial. Su belleza es simplemente demasiado grande como para que la podamos comprender. Necesitamos cuerpo y mente transformados para contemplarla admirados sin restricciones.

Cuando Cristo dijo que estaba preparando para nosotros un hogar con muchas mansiones, no estaba diciendo, como algunos sugieren, que necesitaría mucho tiempo para completar la edificación. Dios puede crear la Jerusalén celestial en un sólo instante. Pero Cristo hizo énfasis en que nosotros estaríamos con Él, y sabemos que su presencia será mucho más maravillosa que todo lo que nos pueda estar rodeando.

NUESTRA NUEVA PROFESIÓN

Se calcula que existen por lo menos cuarenta mil diferentes ocupaciones en los Estados Unidos. A pesar de ello, sólo un pequeño porcentaje de la población se encuentra completamente satisfecha con sus responsabilidades. Los problemas personales, la falta de una remuneración adecuada y las agotadoras jornadas de labores rutinarias son apenas algunas de las razones. Pocas personas, si las hay, están verdaderamente satisfechas.

Pero aquellos problemas quedarán atrás, para siempre, cuando estemos en el cielo. Cada descripción de cargo contemplará dos responsabilidades principales. Primero, la adoración a Dios; segundo, el servicio para el Altísimo con la capacidad que nos haya sido asignada.

La adoración a Dios

Tratemos de captar el privilegio de la adoración.

El cielo es el primer y más importante lugar donde habita Dios. Es cierto que la presencia de Dios no se limita al cielo, porque Él es omnipresente. Salomón comentaba con gran percepción: «He aquí que los cielos, los cielos de los cielos, no te pueden contener; ¿cuánto menos esta casa que yo he edificado?» (1 Reyes 8:27).

Sin embargo, Dios se ubica en el cielo. Juan vio a Dios sentado en un trono con otros veinticuatro tronos, ocupados por veinticuatro ancianos que adoraban al Rey. «Del trono salían relámpagos y truenos y voces» (Apocalipsis 4:5). ¿Y de qué naturaleza es la actividad que ocurre alrededor del trono? Hay gozo desinhibido y adoración espontánea.

Obviamente, los santos son imperfectos en la tierra. Son acosados por peleas, carnalidad y desviaciones doctrinales. Lee un libro acerca de la historia de la iglesia y te asombrarás de que la iglesia haya sobrevivido estos dos mil años.

¿Alguna vez te has preguntado cómo sería pertenecer a una iglesia perfecta? Eso es precisamente lo que Juan vio cuando se asomó al cielo. Ya libre de las limitaciones de la carne y de la oposición del diablo, la iglesia perfecta se encuentra cantando alabanzas a Cristo sin autosuficiencia ni motivaciones mixtas.

De manera repetitiva Juan ve muchas expresiones de adoración en el cielo. Incluso después que el juicio de Dios se amontona sobre los pecadores que no se han arrepentido, los santos se unen a otros seres creados para entonar alabanzas a Dios:

Y salió del trono una voz que decía:

Alabad a nuestro Dios todos sus siervos, y los que le teméis, así pequeños como grandes. Y oí como la voz

de una gran multitud, como el estruendo de muchas aguas, y como la voz de grandes truenos, que decía:
¡Aleluya, porque el Señor nuestro Dios Todopoderoso reina! (Apocalipsis 19:5-6).

Si queremos prepararnos para nuestro destino final, debemos empezar adorando a Dios aquí en la tierra. Nuestra llegada al cielo será tan sólo la continuación de lo que ya hayamos empezado. La alabanza es el lenguaje del cielo y el lenguaje de los fieles en la tierra.

Servicio al Señor

Aunque la adoración va a ocupar gran parte de nuestro tiempo en el cielo, también se nos asignarán responsabilidades que correspondan a la fidelidad que hayamos demostrado en la tierra: «Y sus siervos le servirán, y verán su rostro, y su nombre estará en sus frentes» (Apocalipsis 22:3-4).

La palabra *siervo* se encuentra con frecuencia en el libro de Apocalipsis, porque ilustra la continuidad de la relación que tenemos actualmente con Cristo. Sin embargo, la palabra *servir* que aparece aquí se utiliza principalmente en el Nuevo Testamento, en relación con el servicio que se realiza dentro del templo o la iglesia (Mateo 4:10; Lucas 2:37; Hechos 24:14). Así que, vamos a servirle en términos de aquella relación íntima y especial, la cual sólo está disponible para aquellos que se incluyen en el círculo interno de los redimidos. David Gregg aporta su impresión personal de cómo será el trabajo en cuestión:

> Es un trabajo libre de preocupación, afán y fatiga, como el aleteo de una alondra dichosa cuando atraviesa la luz de un día claro y fresco, para luego dar con espontaneidad y para su propio alivio, un emocionado canto. El trabajo en el cielo será cuestión de alivio propio, a la vez que, obediencia a la voluntad regente de Dios. Es un trabajo de acuerdo con los gustos, el disfrute y la habilidad de cada persona. Si los gustos y las habilidades varían allá, entonces habrá diversas ocupaciones.[1]

¿Qué responsabilidades tendremos? Cristo contó la parábola en la cual enseñaba que a los fieles se les daba responsabilidad sobre ciudades. La mayoría de eruditos creen que esto se cumplirá durante el reino milenial, cuando reinemos con Cristo aquí en la tierra. Sin embargo, es razonable suponer que exista continuidad entre el reino terrenal y el reino eterno celestial. En otras palabras, puede ser que nuestra fidelidad (o infidelidad) en la tierra pueda tener repercusiones para toda la eternidad.

Por supuesto, todos nos sentiremos felices y realizados en el cielo. A cada uno se le asignará un lugar para la administración del vasto reino celestial. De la misma forma en que hay responsabilidades variadas en el palacio de un rey terrenal, en el cielo a algunos se les darán responsabilidades más sobresalientes que a otros.

De algo podemos estar seguros: el cielo no es un lugar de inactividad o aburrimiento. No se trata, como pensaba un alumno en la escuela dominical, de un interminable culto de adoración donde empezamos en la primera página del himnario y seguimos así hasta el final. Dios tendrá trabajo productivo para que realicemos. Nuestro conocimiento de Él y de sus maravillosas obras aumentará. Acaso, ¿no nos va a mostrar Cristo al Padre de modo que quedemos satisfechos para siempre? ¿No aprenderemos a amar al Señor nuestro Dios en formas que nunca hemos experimentado en la tierra?

No sabemos, como algunos han especulado, si vamos a explorar otros mundos. Otros dicen que vamos a concluir proyectos que dejamos iniciados en la tierra. Sea cual fuere nuestra actividad, podemos estar seguros de que nuestro infinito Padre celestial tendrá posibilidades infinitas.

NUESTRA NUEVA FAMILIA

Hemos aprendido que vamos a reconocer a nuestra familia terrenal en el cielo. Ahora, nuestra familia se va a expandir. Piensa en ello de la siguiente manera: la intimidad que disfrutas ahora con tu familia incluirá a todos los demás santos que se encuentren allá.

Un día, algunos amigos de Jesús le dijeron que su madre y hermanos le estaban buscando. Cristo respondió: «¿Quién es mi madre y mis hermanos? Y mirando a los que estaban sentados alrededor de él, dijo: He aquí mi madre y mis hermanos. Porque todo aquel que hace la voluntad de Dios, ése es mi hermano, y mi hermana, y mi madre» (Marcos 3:33-35).

Piensa en todo lo que esto implica. Estaremos tan cerca de Cristo como lo estamos actualmente de cualquier miembro de nuestra familia. Sin duda alguna, ya que ¡Él no se avergüenza de llamarnos sus hermanos! Habrá una familia más extensa con mayor intimidad de la que hemos conocido en la tierra.

El arzobispo Richard Whately tiene una excelente descripción del tipo de amistad que podemos tener en el cielo.

Estoy convencido de que la extensión y perfección de
la amistad, formará gran parte de la felicidad futura de
los benditos... Lo más probable es que en la más noble
y pura mente surja el deseo de ver y conocer
personalmente, por ejemplo, al apóstol Pablo, o a Juan.
Me daría mucha lástima pensar que tal deseo fuera
absurdo o presuntuoso, o que nunca pudiera ser
concedido. El mayor disfrute para los bienaventurados
será sin duda tener un conocimiento personal de su
grandioso y amado Maestro. Pero no puedo evitar
pensar en que una parte de su felicidad consistirá
también en acceder a un conocimiento íntimo de sus
más grandes seguidores; y de aquellos en particular,
cuyas cualidades peculiares son las más atractivas para
cada uno.[2]

¡Piensa en las alegrías de una familia como esa! Y del tiempo
infinito que tendremos para conocer a todos y cada uno de sus
miembros.

LA REALIDAD DE UN NUEVO ORDEN

Afortunadamente, el cielo no lo tendrá todo. De hecho el
apóstol Juan enumera en Apocalipsis 7, 21 y 22 muchas y
diversas experiencias y realidades conocidas en la tierra, las
cuales estarán *ausentes* allá.

No habrá más mar (21:1)

A lo largo de toda la Biblia, la palabra *mar* se ha referido a
las naciones del mundo, usualmente las naciones rebeldes. El
cielo implica que el enfrentamiento entre las naciones y el
hervor del tumulto que acompaña esas luchas se desvanecerán.
No habrá más pactos quebrantados, ni guerras, ni escándalos.

No habrá más muerte (21:4)

La carroza fúnebre habrá hecho su último recorrido. Hoy
vemos la muerte como un ladrón que nos arrebata la existencia
terrenal. Es simplemente el acto final en el proceso de deterioro
del cuerpo humano. Como tal es temida casi universalmente;
nadie puede escapar a sus horrores. Aún los cristianos que la
han vencido en Cristo pueden temblar ante su violenta
embestida. Pero la muerte no entrará al cielo. Allí no habrá
funerales, ni lápidas, ni tristes despedidas.

No habrá más llanto (21:4)

Lee el periódico, encontrarás tristeza en cada página. Un accidente de tránsito le quita la vida a un joven padre; un niño es violado por un loco; una inundación en Bangladesh deja sin vida a veinte mil. Nadie puede sondear la cantidad de dolor emocional padecido en cualquier instante por los habitantes de este mundo. En el cielo habrá gozo y tranquilidad emocional sin interrupción.

No habrá más lágrimas (7:17; 21:4)

Nadie podría calcular cuántos baldados de lágrimas derramadas se llenan a cada instante en este mundo acongojado. Desde el niño que llora por la muerte de uno de sus padres, hasta la mujer que llora por un matrimonio fracasado, multiplica esas lágrimas por un millón, y te darás cuenta que vivimos en un mundo que llora.

En el cielo, Aquel que lavó nuestros pecados, ahora enjuga nuestras lágrimas. Este comentario a hecho surgir la pregunta de por qué tendría que haber lágrimas en el cielo. ¿Y será que el Señor llega con un pañuelo y literalmente enjuga cada lágrima? Es posible. Sin embargo, creo que Juan quiso decir algo más. Él quiere hacernos entender que Dios nos dará una explicación de la tristeza que experimentamos en la tierra, para que no tengamos que llorar más. Si no fuera de este modo, las lágrimas volverían después de que Él las haya secado. Pero al ser capaces de ver los tristes eventos terrenales desde la perspectiva celestial, nuestras lágrimas se secarán para siempre.

A menudo se formula la pregunta: ¿Cómo podremos ser felices en el cielo si uno o más de nuestros parientes está en el infierno? ¿Puede un niño, por ejemplo, disfrutar las glorias de la eternidad, sabiendo que siempre habrá un padre o una madre ausentes de la celebración? O, ¿puede una madre piadosa servir y adorar con gozo sabiendo que su precioso hijo será atormentado para siempre? Esa pregunta ha vejado las mentes de muchos teólogos, al punto que algunos afirman que en el cielo Dios va a borrar esa parte de nuestra memoria. El niño no sabrá que sus padres están perdidos en el infierno; la madre no se acordará que tenía un hijo.

Sin embargo, no es probable que en el cielo vayamos a saber menos de lo que conocimos en la tierra. No es característico de Dios que resuelva un problema aumentando la esfera de la ignorancia humana. Esto es especialmente verdadero en lo tocante al cielo, donde tendremos mejores facultades mentales de las que tuvimos en la tierra. En el cielo seremos consolados, no porque sepamos menos de los que supimos en la tierra, sino porque conocemos más.

Es probable que Dios enjugue todas las lágrimas explicando sus propósitos finales. Veremos el cielo y el infierno desde su punto de vista y diremos que Él ha hecho bien todas las cosas. Si Dios puede contentarse, sabiendo que los incrédulos están en el infierno, nosotros también podremos. Espero que todos los que vayan al cielo vivan con la convicción de que se hizo justicia plenamente y que el plan de Dios es recto. Con tal explicación y perspectiva, nuestras emociones reflejarán las de nuestro Padre celestial. Jonathan Edwards dijo que el cielo no tendrá lástima del infierno, no porque los santos no amen, sino porque aman perfectamente. Ellos verán todas las cosas de conformidad con el amor, la justicia y la gloria de Dios. De esta forma, tanto con nuestra cabeza como con nuestro corazón, adoraremos al Señor sin remordimiento, tristeza o recelo frente al plan de nuestro Padre.

No habrá más dolor (21:4)

Acompáñame a caminar por los pasillos de un hospital. Aquí hay una madre joven muriendo de cáncer, allá se encuentra un hombre a quien le falta el aire, tratando de sobreponerse al terror de un ataque cardíaco. En el siguiente pabellón, un niño maltratado acaba de ser internado a causa de las quemaduras hechas por un padre violento. Para ellos y para incontables otros, los científicos de emergencias han preparado calmantes y analgésicos que les ayudan a atravesar la vida, día a día.

En el cielo, el dolor, que es un resultado del pecado, será desterrado para siempre. No habrá dolores de cabeza, ni discos de la espalda dislocados, ni cirugías. Tampoco habrá dolor emocional causado por el rechazo, la separación o el abuso.

No habrá templo (21:22)

Algunos han quedado desconcertados por esa afirmación, ya que en otro pasaje Juan dice que hay un templo en el cielo (Apocalipsis 11:19). Wilbur M. Smith señala que la aparente contradicción se puede resolver al darnos cuenta que el templo y sus mensajeros angelicales «continúan vigentes durante el tiempo del pecado humano y del derramamiento de la ira de Dios, pero después de haber desaparecido la antigua tierra, el templo ya no cumple ninguna función.»[3] La adoración en el cielo se lleva a cabo directamente; Dios mismo es el santuario, el templo. Los patrones anteriores de adoración dan lugar a un orden nuevo y sin restricciones.

No más sol ni luna (7:16; 21:23; 22:5)

Aquellos astros creados por Dios para dar luz a la tierra ya cumplieron su propósito. Dios mismo es la luz del cielo. «La ciudad no tiene necesidad de sol ni de luna que brillen en ella; porque la gloria de Dios la ilumina, y el Cordero es su lumbrera» (21:23; véase también 7:16). Leemos también: «No habrá allí más noche; y no tienen necesidad de luz de lámpara, ni de luz de sol, porque Dios el Señor, los iluminará; y reinarán por los siglos de los siglos» (22:5).

Esto significa que la ciudad santa está completamente atravesada por luz. Joseph Seiss lo explica de la siguiente forma:

> Esa iluminación no proviene de ningún tipo de combustión, ni de consumo de combustible que requiera ser renovado cada vez que se agota la provisión; porque se trata de la luz creada por Aquel quien es luz, administrada por y a través del Cordero como lumbre eterna, para hacerla llegar al hogar, a los corazones y al entendimiento de sus santos glorificados.[4]

No habrá más abominaciones (21:27)

Las naciones traerán honra y gloria a Dios en la ciudad, sin embargo, leemos: «No entrará en ella ninguna cosa inmunda, o que hace abominación y mentira, sino solamente los que están inscritos en el libro de la vida del Cordero» (21:27). Juan agrega otra lista de cosas que serán excluidas: personas inmorales, asesinos, idólatras y otros parecidos (21:8; 22:15).

No habrá más hambre, sed, ni calor (7:16)

Aquellas cargas soportadas por las multitudes del mundo actual, desaparecerán para siempre. En su lugar estarán el Árbol de la Vida y la belleza del paraíso de Dios.

Aquellas cosas que echan sobre la tierra un manto de desfallecimiento, serán reemplazadas por felicidad indescriptible en la presencia de la Gloria Divina.

En presencia estar de Cristo,
ver su rostro, ¿qué será?
Cuando al fin en pleno gozo
Mi alma le contemplará.
Sólo tras oscuro velo,
Hoy lo puedo aquí mirar.
Mas ya pronto viene el día,

Que su gloria ha de mostrar.
Cara a cara espero verle
Más allá del cielo azul,
Cara a cara en plena gloria,
He de ver a mi Jesús.

Carrie E. Breck
[traductor: Vicente Mendoza]

Y así, mientras tu familia atiende el funeral, tú estarás contemplando el rostro de Cristo. Aunque la familia llora tu partida, no regresarías a la tierra aunque te dieran a escoger. Después de haber visto el cielo, te darás cuenta que la tierra ha perdido todo su encanto. Como dice Tony Evans: «¡Diviértanse en mi funeral, porque yo no voy a estar!»

Ahora, sólo deseas que aquellos a quienes dejaste atrás sepan cuán importante fue haber sido fiel a Cristo. Estando al otro lado de la cortina, sabiendo que ahora todo es tan claro, desearás poder gritar y que te escucharan en la tierra para animar a los creyentes a servir con todo su corazón a Cristo. Desearás haber entendido esto antes de haber sido llamado a subir.

De repente te darás cuenta que no todos tendrán tu misma experiencia. Algunas personas, millones de ellas, se habrán perdido para siempre, por no haber aprovechado el sacrificio de Cristo a su favor. Llorarás al pensar en todas las personas que aún están en la tierra y que probablemente no van a entrar al cielo.

Comprendes que llorarías para siempre si no fuera porque Dios llega y enjuga las lágrimas de tus ojos.

Todo se cumplirá, tal como Cristo lo dijo.

NOTAS

1. David Gregg, *The Heaven-Life.* (Nueva York: Revell, 1895), p. 62.
2. Richard Whately, *A View of the Scripture Revelations Concerning a Future State.* (Filadelfia: Lindsay & Blakiston, 1857), pp. 214-15.
3. Wilbur M. Smith, *Biblical Doctrine of Heaven.* (Chicago: Moody, 1968), p. 253.
4. Joseph Seiss, *Lectures on the Apocalypse.* (Nueva York: Charles C. Cook, 1901), pp. 3:412-13; citado en *Biblical Doctrine*, de Wilbur Smith, p. 249.

CAPÍTULO SEIS

𝒞UANDO EL HADES SEA LANZADO AL INFIERNO

Razones para no creer — Enseñanzas alternas —
La justicia de Dios —Palabras en griego para denotar
infierno — Características del infierno

«El infierno desapareció. Y nadie se dio cuenta.» Con esta observación sucinta, el historiador eclesiástico, Martin Marty, resumió nuestra actitud hacia una doctrina extinta que recibió cuidadosa atención en generaciones pasadas. Si asistes a la iglesia, pregúntate cuándo fue la última vez que en la iglesia o escuela dominical escuchaste un sermón entero acerca del tema.

Un artículo reciente de la revista *Newsweek* decía: «Hoy en día, el infierno es la palabra temida de la teología, un tema demasiado trillado para la erudición seria.» Gordon Kaufman de la Escuela de Divinidad en Harvard, cree que hemos pasado por una transformación de ideas, y afirma: «No creo que haya mucho futuro para el cielo y el infierno.»

Debemos admitir que el infierno es un tema desagradable. Los incrédulos no creen que exista; la mayoría de cristianos lo ignoran. Aún los más firmes expertos bíblicos callan con frecuencia por vergüenza. El infierno, más que cualquier otra doctrina de la Biblia, parece estar fuera de lugar en nuestros tiempos.

Sin embargo, leemos que en el juicio final los que murieron siendo incrédulos, en todas las épocas, se encuentran ante Dios para ser juzgados: «Y la muerte y el Hades fueron lanzados al lago de fuego... Y el que no se halló inscrito en el libro de la vida fue lanzado al lago de fuego» (Apocalipsis 20:14-15). Esta es apenas una de las muchas descripciones del infierno que se encuentran en la Biblia. ¿Qué vamos a hacer respecto a esta enseñanza?

RAZONES PARA NO CREER

Esta doctrina es ignorada frecuentemente, ya que es difícil reconciliar la existencia del infierno con el amor de Dios. El hecho de que millones de personas se encontrarán conscientes en medio de un tormento eterno es algo que supera el alcance de la mente humana. El obispo John A. Robinson, quien obtuvo notoriedad a causa de sus opiniones liberales, escribe en su libro: *Sincero con Dios*, lo siguiente:

> Cristo... permanece en la cruz mientras haya un pecador en el infierno... En un universo de amor no puede haber cielo que tolere la existencia de una cámara de horrores; ningún infierno que no sea a la vez un infierno para Dios. Él no puede soportar eso, porque se constituiría en un escarnio final de su naturaleza.[1]

La doctrina del infierno ha alejado a muchas personas del cristianismo. James Mill expresó lo que muchos han sentido: «No llamaré bueno a ningún ser que no sea bueno, según lo que yo entiendo cuando uso la palabra para referirme a otras criaturas como yo; y si existe un Ser que me pueda enviar al infierno por no llamarle bueno, al infierno voy a ir.»[2]

Un hombre dijo que no deseaba sentarse en el cielo con un Dios que manda gente al infierno. Prefería estar en el infierno para vivir desafiando al tal Dios: «Si el tal Dios existe,» se quejaba, «entonces es el diablo.»

En términos simples, para nosotros el castigo del infierno no es proporcional al crimen cometido. De acuerdo, todos los hombres hacen cosas malas, y unos pocos incurren en grandes maldades, pero nada que ninguna persona haya hecho puede justificar un tormento eterno. Y pensar que muchos millones de buenas personas van a estar en el infierno por el simple hecho de no haber escuchado de Cristo (como afirma el cristianismo), es algo que lleva fácilmente a la incredulidad. Es como aplicar la pena máxima por una infracción de tránsito.

De esta manera millones de occidentales creen en algún tipo de vida venidera, pero sólo en una de alegría, y no de miseria. El temor genuino de sufrir en el infierno se ha desvanecido en la corriente del pensamiento occidental. Muy pocos, si alguno en absoluto, piensan seriamente en la posibilidad de que algunas personas vayan al infierno. Aún hay más, pocos creen que puedan contarse entre aquel desafortunado grupo.

ENSEÑANZAS ALTERNAS

Existen dos teorías alternas que compiten por aceptación. Una saca el infierno de la eternidad; la otra saca la eternidad del infierno.

Universalismo

El universalismo es el mismo nombre dado a la creencia de que eventualmente todos los hombres llegarán a salvo al cielo. Dado que Cristo murió por todas las personas, sin excepción, se puede concluir según ellos, que todos serán salvos. Dios destruirá todos los remanentes de maldad, y todas las criaturas racionales (algunos incluyen al propio Satanás) serán redimidas.

He aquí unas porciones bíblicas que a los universalistas les gusta usar. Pablo enseñó que al final del tiempo, se habrían «de reunir todas las cosas en Cristo, en la dispensación del cumplimiento de los tiempos, así las que están en los cielos, como las que están en la tierra» (Efesios 1:10). La intención de Dios es «reconciliar consigo todas las cosas, así las que están en la tierra como las que están en los cielos, haciendo la paz mediante la sangre de su cruz» (Colosenses 1:20). Esto implica, según nos dicen, que todas las personas serán integradas a la familia de Dios.

Desafortunadamente, esta atractiva interpretación padece de serias debilidades. Si la interpretación de los universalistas fuera correcta, entonces también Satanás tendría que ser redimido, esto es, reconciliado con Dios. Sin embargo, es claro que Cristo no murió por él (Hebreos 2:16); por lo tanto Dios no tendría razón para perdonarlo, aún si se arrepintiera.

Aún hay más, las Escrituras enseñan de manera explícita que la bestia y el falso profeta, «serán atormentados día y noche por los siglos de los siglos» (Apocalipsis 20:10). Aquí encontramos una clara afirmación de que Satanás jamás será redimido, sino que existirá en un tormento consciente y eterno.

Efectivamente, todas las cosas serán reunidas en Cristo. Esto significa que todo será sujeto a la autoridad directa de Cristo. Cristo ha completado todo lo que es necesario para llevar a cabo el plan salvífico de Dios. El orden de la naturaleza será restaurado, y la justicia prevalecerá a lo largo y ancho del universo. Como veremos más adelante, esa restauración no niega la doctrina del infierno, sino que más bien la requiere.

Los universalistas citan también otros versículos, tales como: «Así que, como por la transgresión de uno vino la condenación a todos los hombres, de la misma manera por la justicia de uno vino a todos los hombres la justificación de vida» (Romanos 5:18). Otro pasaje similar es 1 Corintios 15:22: «Porque así como en Adán todos mueren, también en Cristo todos serán vivificados.» La interpretación de estos versículos, para los universalistas, es que así como todos los hombres están condenados por la ofensa de Adán, así también todos están justificados por el acto de justicia de Cristo.

Desafortunadamente, esa interpretación falla por dos razones. En primer lugar, los textos deben ser interpretados a la luz de otros que enseñen claramente la miseria eterna de los incrédulos en el infierno. No podemos simplemente darnos el lujo de aislar pasajes de las Escrituras.

En segundo lugar, debemos entender que la Biblia utiliza con frecuencia la palabra *todos* en un sentido restringido, como aquellos elementos que pertenecen a cierta categoría y no se refiere a un todo sin excepción. Los ejemplos son numerosos. Mateo nos cuenta que «toda Judea» salió a escuchar a Juan el Bautista (Mateo 3:5-6). Lucas registra que había salido un edicto según el cual se ordenaba «que todo el mundo fuese empadronado» (Lucas 2:1). Y los discípulos de Juan el Bautista se quejaron de que «todos» estaban siguiendo a Cristo (Juan 3:26). En los pasajes escritos por Pablo, es claro que todos los que están en Adán mueren, mientras que todos los que están en Cristo serán vivificados. El término *todos* tiene limitaciones señaladas por el contexto.

El golpe de muerte al universalismo se encuentra en Mateo 12:32. Cristo está hablando del pecado imperdonable: «No le será perdonado, ni en este siglo ni en el venidero.» En Marcos 3:29 se denomina como un pecado eterno y quien lo comete es «reo de juicio eterno», dando a entender que comienza en esta era y continúa en la eternidad sin esperanza de retroceso. ¿Cómo podrían reconciliarse con Dios los que hubieran cometido este pecado, cuando las Escrituras dicen claramente que jamás serían perdonados?

El universalismo nunca ha sido ampliamente aceptado por quienes toman en serio las Escrituras. Obviamente, si esta enseñanza fuera verdadera, no habría razón que nos empujara a cumplir con la Gran Comisión, o animar a los incrédulos a aceptar a Cristo en sus vidas.

Inmortalidad condicional

Mientras que el universalismo pretende suprimir el «para siempre» del infierno, estamos ahora frente a una teoría que pretende quitar el infierno de lo eterno. La inmortalidad condicional sostiene que no todos se salvarán, pero que tampoco habrá tormento consciente infinito. Dios resucita a los malvados para juzgarlos; luego son arrojados al fuego y consumidos. A los justos se les concede la vida eterna, mientras que a los incrédulos se les da una muerte eterna. El infierno equivale a un aniquilamiento.

Clark Pinnock de la Universidad McMaster en Toronto, Canadá, pregunta cómo es posible imaginar que el mismo Dios que entregó a su Hijo para morir en la cruz, «instale una sala de torturas en algún lugar de la nueva creación, con el fin de someter a los que le rechazan a un padecimiento eterno.» Él advierte que, ya es bastante difícil defender al cristianismo con el problema del mal y del sufrimiento, sin tener que explicar también el infierno.

Pinnock cree que el fuego de Dios consume a los perdidos. De esta forma, Dios no resucita a los malvados para torturarlos, sino más bien para declarar su juicio sobre ellos y condenarlos a la extinción, que es la segunda muerte. El castigo eterno, de acuerdo con Pinnock, significa que Dios sentencia a los perdidos a una muerte última y definitiva.

El texto favorito de Pinnock es: «Y no temáis a los que matan el cuerpo, mas el alma no pueden matar; temed más bien a aquel que puede destruir el alma y el cuerpo en el infierno» (Mateo 10:28). Él supone que si el alma es destruida en el infierno, ésta queda aniquilada por completo.

Desafortunadamente, esa interpretación no resiste un análisis cuidadoso. Robert A. Morey, señala en su libro *Death and the Hereafter* [La muerte y la vida venidera], que la expresión *destruido* como se aplica en la Biblia, no quiere decir: «exterminado». La palabra griega *apollumi* se utiliza en pasajes tales como Mateo 9:17, Lucas 15:4 y Juan 6:12, 27. En ninguno de estos casos se refiere a «dejar de existir.» Morey escribe: «No hay un sólo ejemplo en el Nuevo Testamento donde *apollumi* signifique exterminio o aniquilamiento en el sentido estricto de la palabra.»[3] El *Léxico greco-inglés* de Thayer define destrucción como «entregar a miseria eterna.»

Desafortunadamente, pero la teoría del exterminio sencillamente no puede mantenerse firme. Cristo dice que los perdidos irán al «fuego eterno» el cual ha sido preparado para el diablo y sus ángeles. Y luego añade: «E irán éstos al castigo eterno, y los justos a la vida eterna» (Mateo 25:46). Debido a que la palabra *eterno* describe tanto el destino de los justos como de los impíos, parece evidente que Cristo enseñó que ambos grupos existirán para siempre, aunque en lugares distintos. El mismo fuego eterno que Satanás y sus huestes experimentarán, será la suerte que correrán los no creyentes.

En un capítulo anterior aprendimos que la existencia consciente de los no creyentes ya había sido enseñada en el Antiguo Testamento. Daniel escribió: «Y muchos de los que duermen en el polvo de la tierra serán despertados, unos para vida eterna, y otros para vergüenza y confusión perpetua» (Daniel 12:2). Los malos experimentarán vergüenza y desprecio mientras que los justos gozan de dicha sin par.

Por último, se ha dicho claramente que los ocupantes del infierno, van a experimentar miseria eterna. Todo aquel que adora a la bestia y ha recibido su marca, «también beberá del vino de la ira de Dios, que ha sido vaciado puro en el cáliz de su ira» (Apocalipsis 14:10). Este será:

> atormentado con fuego y azufre delante de los santos ángeles y del Cordero; y el humo de su tormento sube por los siglos de los siglos. Y no tienen reposo de día ni de noche los que adoran la bestia y a su imagen, ni nadie que reciba la marca de su nombre (vv. 10-11).

Observa que el fuego no extermina a los malvados, sino que los atormenta. Allí, en presencia de los santos ángeles y del Cordero, no habrá tiempos de descanso durante los cuales los impíos no tengan conciencia del tormento. Nunca se deslizarán hacia una inexistencia pacífica.

En Apocalipsis 20 encontramos una escena similar. La bestia y el falso profeta han sido arrojados al lago de fuego. Satanás está atado; sin embargo, después de mil años es soltado para engañar a las naciones por última vez. Al final de aquel período, Satanás es echado al lago de fuego. Observa con cuidado que la bestia y el falso profeta no han quedado exterminados durante esos mil años en el infierno. El fuego no los ha consumido: «Y el diablo que los engañaba fue lanzado en el lago de fuego y azufre, donde estaban la bestia y el falso profeta; y serán atormentados día y noche por los siglos de los siglos» (v. 10).

Así, las enseñanzas del universalismo y la teoría del aniquilamiento llegan a su fin engañoso. El tormento eterno y consciente está claramente demostrado, *no existe otra interpretación sincera de estos pasajes.*

LA JUSTICIA DE DIOS

En la raíz misma del debate, está la pregunta acerca de, si el infierno es justo y necesario. Pinnock, como podrás recordar, se lamentaba de la dificultad para explicar el mal a un mundo incrédulo, sin tener que explicar el infierno. Los cristianos sensatos, afirman, no poder creer en un castigo consciente y eterno.

Para nosotros como humanos, el castigo eterno es desproporcionado frente a la ofensa cometida. Parece que Dios es cruel, injusto, sádico y vengativo. El propósito del castigo, como se nos dice, es siempre llegar a la redención. La rehabilitación es la meta de todas las sentencias de prisión. El concepto de un lugar donde exista un castigo interminable, sin ninguna posibilidad de libertad bajo palabra ni posibilidad de reforma, parece ser injusto.

¿Cómo puede ser justo el infierno? Las siguientes observaciones tal vez no puedan responder a todas nuestras preguntas; sin embargo, espero que nos ayuden a ver el infierno desde la perspectiva de Dios.

El juicio está basado en lo que ellos hicieron

En un capítulo anterior aprendimos que el hades será lanzado al infierno eventualmente. Pero antes de que esto ocurra, cada persona será resucitada y juzgada individualmente. «Y vi a los muertos, grandes y pequeños, de pie ante Dios; y los libros fueron abiertos, y otro libro fue abierto, el cual es el libro de la vida; y fueron juzgados los muertos por las cosas que estaban en los libros, según sus obras» (Apocalipsis 20:12).

Nadie se salvará por obras, eso es seguro. Haremos énfasis en el capítulo final de este libro, en el sentido de que la salvación es regalo de Dios, no por obras. Pero, los que no se salvan, sus obras constituyen la base del juicio. En otras palabras, serán juzgados con rectitud con base en lo que hicieron y que a la vez conocían.

Aquellos que viven sin tener un conocimiento específico de Cristo, serán juzgados por la iluminación natural y por sus propias conciencias (Romanos 1:20; 2:14-16). Esto no quiere decir que los que respondieron a la revelación general serán salvados automáticamente, ya que nadie vive plenamente de acuerdo a lo que conoce. Esta es la razón por la que es necesario un conocimiento personal de Cristo para obtener la salvación. «Y en ningún otro hay salvación; porque no hay otro nombre bajo el cielo, dado a los hombres, en que podamos ser salvos» (Hechos 4:12).

Pero la luz de Dios presente en la naturaleza y la conciencia humana constituyen una base suficiente para el juicio. Sea cual sea el grado del castigo, se ajustará exactamente a la ofensa, porque Dios es meticulosamente justo. Los que creen en Cristo recibirán misericordia; los que no lo hagan (bien sea porque no han escuchado acerca de Él, o porque han rechazado lo que de Él conocen), recibirán justicia. De cualquier manera, Dios es glorificado.

¡Piensa con cuánta precisión Dios juzgará a los creyentes! Cada día, cada vida, será analizada en minucioso detalle. Los pensamientos y motivaciones escondidas de cada hora serán reproducidas, así como las acciones y actitudes. Las palabras pronunciadas en secreto serán escuchadas en público, las intenciones del corazón serán mostradas para que todos las vean. No tendrán un abogado al que puedan acudir, ni habrá evasivas por las cuales puedan escapar; nada que no sean los hechos, escuetos e irrefutables.

Creo que el equilibrio de la justicia será tan preciso, que el productor pornográfico deseará no haber publicado nunca ese material, el ladrón deseará haberse ganado la vida honestamente, y el adúltero se lamentará de haber vivido en inmoralidad. La fidelidad a sus votos matrimoniales no le habría hecho ganar la salvación, pero habría hecho un poco más soportable su existencia en el infierno.

Ante Dios, ninguna motivación será mal interpretada, las circunstancias largas y extenuantes no serán sacadas de la corte. La mujer que sedujo al hombre recibirá su parte justa del castigo, y el hombre que se dejó seducir también recibirá lo suyo. Los padres que abusaron del niño, quien a su vez acudió a las drogas para escapar del dolor producido por el rechazo, todas las culpas serán proporcionales.

Todos estamos de acuerdo con que la doctrina del cielo es confortante. Lo que a veces se pasa por alto es que el infierno también es aliviador. Nuestros periódicos están llenos de historias acerca de la violación, el abuso infantil, y un millar de injusticias. Cada caso, expediente judicial, que ha pasado por las cortes terrenales será reabierto; cada acción y motivo será meticulosamente inspeccionado y sopesado. En presencia de un Dios que todo lo sabe, no habrá asesinatos sin resolver, ni violadores anónimos, ni chantajes ocultos.

Los no creyentes son eternamente culpables

El infierno existe porque los incrédulos son eternamente culpables. La tremenda lección que hay que aprender, es que el sufrimiento del ser humano no constituye un pago por el pecado. Si el sufrimiento pudiera borrar aunque fuera el pecado más insignificante, entonces los que van al infierno podrían ser librados eventualmente cuando hayan cancelado su deuda. Sin embargo, ni toda la bondad, ni todo el sufrimiento humano que han tenido lugar desde el principio de los tiempos, si fueran sopesados juntamente, podrían cancelar un sólo pecado.

> *Aunque sea siempre fiel,*
> *aunque llore sin cesar,*
> *Del pecado no podré justificación lograr;*
> *Sólo en ti teniendo fe, deuda tal podré pagar.*
>
> «Roca de la eternidad»
> (traductor: T.M. Westrup)

Sir Francis Newport, quien ridiculizó al cristianismo, dijo las terribles palabras que se citan a continuación, en su lecho de muerte:

¡Oh, si pudiera acostarme durante mil años sobre el fuego que no se consume, para ganar el favor de Dios y así unirme otra vez a Él! Pero mi deseo es infructuoso. Millones y millones de años no me acercarán al fin de mis tormentos, ni una sola hora. ¡Oh eternidad, eternidad! ¡Por siempre y para siempre! ¡Oh, los insufribles padecimientos del infierno![4]

Tenía razón al afirmar que un millón de años en el infierno serían inútiles para comprar la salvación. Trágicamente, él no se abandonó a la misericordia de Dios en Cristo. Dado que ni las obras ni los sufrimientos del hombre lo pueden salvar, deberá soportar todo el peso de su pecado durante la eternidad.

No podemos comprender la seriedad del pecado

Debemos confesar que no sabemos con exactitud qué castigo es suficiente para los que han pecado contra Dios. Podemos creer que sabemos cómo es Dios, pero tan sólo vemos a través de un espejo, oscuramente. Jonathan Edwards dijo que la razón por la que encontramos tan ofensivo el infierno, se debe a nuestra insensibilidad frente al pecado.

¿Qué ocurriría, si desde la perspectiva de Dios, la dimensión del pecado está determinada por la grandeza de Aquel contra quien fue cometido? La culpa del pecado sería infinita, porque constituye una violación al carácter de un Ser infinito. ¿Cuál sería el caso, si Dios en su naturaleza, considera que tales pecados infinitos merecen un castigo infinito, el cual nadie podrá resarcir nunca jamás?

Debemos entender que Dios no escogió tener los atributos que posee. Dado que Él ha existido por toda la eternidad, sus atributos han estado determinados desde siempre. Si Dios no hubiera tenido amor y misericordia por toda la eternidad, podríamos haber sido creados por un ser malicioso y cruel, que se deleita viendo sufrir a sus criaturas en tormento perpetuo. Afortunadamente, ese no es el caso. La Biblia habla del amor y la misericordia de Dios; Él no se goza en la muerte de los impíos. Pero también tiene mucho que decir en cuanto a su justicia y al hecho de que aún los malvados le van a glorificar en el infierno. En términos más sencillos, debemos aceptar a Dios tal como se revela en la Biblia, bien sea que se ajuste o no a nuestras preferencias.

Es absurdo afirmar: «No quiero estar en el cielo con un Dios que manda gente al infierno... Prefiero ir al infierno y así desafiarlo.» ¡No puedo exagerar al afirmar la necedad de aquellos que creen poder oponerse a Dios en detrimento suyo y para su propia satisfacción! En el Salmo 2, leemos que Dios se sienta en los cielos y ríe de los que creen ser capaces de desafiarlo. Como el ratón cree poder resistir el arado del granjero, o el bote con remos que pretende desviar el curso de un porta-avión, es locura que el hombre piense que puede oponerse al Dios viviente, quien está airado con los pecadores y resuelto a tomar venganza contra los que se oponen a Él.

Aún al observar el mundo de hoy en día, no debe sorprendernos que Dios permita vivir en miseria eterna a grandes multitudes. Piensa en la inmensa cantidad de sufrimiento (sufrimiento que puede evitarse, si lo prefieres), que Dios ha permitido en esta tierra. Un terremoto en México mata a veinte mil, una oleada marítima en Bangladesh deja sin vida a cincuenta mil, ¡y las hambrunas causan veinte mil muertes en el mundo cada año! ¿Quién podrá calcular la inmensidad del dolor emocional experimentado por bebés, niños y adultos? Sin embargo, sabemos que para fortalecer la corteza terrestre, enviar lluvias y contener las inundaciones, sólo se necesitaría una palabra del Todopoderoso.

Si Dios ha permitido que la gente viva en miseria incalculable durante miles de años, ¿porqué sería inconsistente dejar que esto continúe para siempre? Charles Hodge, pregunta: «Si la mayor gloria de Dios y el bien del universo han sido fomentados por el pecado y la miseria humana en el pasado, ¿por qué no habrán de serlo a causa de lo que habrá en el futuro?»[5]

Si nuestro concepto de justicia es diferente al de Dios, podemos estar seguros que Él no se va a impresionar con nuestros intentos de convencerlo para que vea las cosas desde nuestro punto de vista. Nadie es consejero de Dios; nadie le instruye o corrige. Él no busca en nosotros información acerca de cómo hacer funcionar su universo.

PALABRAS EN GRIEGO PARA DENOTAR INFIERNO

El Nuevo Testamento utiliza tres diferentes palabras griegas para referirse al infierno. Una de ellas es *tartarus*, usada en 2 de Pedro 2:4, para referirse al lugar donde habitan los ángeles del mal que pecaron durante el tiempo de Noé: «Porque si Dios no perdonó a los ángeles que pecaron, sino que arrojándolos al infierno los entregó a prisiones de oscuridad, para ser reservados al juicio.» En Judas 6, la palabra *tartarus* se aplica de forma similar.

La segunda palabra más frecuentemente empleada para denotar infierno en el Nuevo Testamento es *gehenna*, una palabra que habían utilizado los judíos para referirse al infierno, antes del tiempo de Cristo. La palabra se deriva de la expresión hebrea: «valle de Hinom» que se encuentra en el Antiguo Testamento (Josué 15:8; 2 Reyes 23:10; Nehemías 11:30). En ese valle, fuera de Jerusalén, los judíos ofrecían sacrificios humanos a deidades paganas. Allí también era arrojada la basura de la ciudad, donde se criaban gusanos. Esto explica por qué Cristo se refirió al infierno como aquel lugar donde «el gusano de ellos no muere, y el fuego nunca se apaga» (Marcos 9:44, 46, 48).

Esa imagen de basurero pestilente, donde hay incendios que no se apagan y gusanos que no mueren, se convirtió para la mentalidad judía en descripción adecuada de la suerte que al final correrían todos los idólatras. De este modo, el término fue aplicado al *gehenna* definitivo. Los judíos enseñaban, y así lo confirmó Cristo, que los impíos sufrirían allí para siempre. Tanto el cuerpo como el alma estarían en tormento eterno.

Durante años, los eruditos liberales enseñaron (y algunos aún lo hacen románticamente), que Cristo, habiendo hecho énfasis en el amor de Dios, nunca podría ser partidario de la doctrina del infierno. Sin embargo, de manera significativa, de las doce veces que aparece la palabra *gehenna* en el Nuevo Testamento, once veces fue pronunciada por boca de nuestro Señor. Sin duda alguna, Él habló más del infierno que del mismo cielo.

La tercera palabra es *hades*, término que hemos estudiado en un capítulo anterior. Lo menciono aquí únicamente porque ha sido traducido como «infierno» en la versión Reina Valera, aunque también aparece con frecuencia en su raíz original, al igual que en otras traducciones, con el fin de distinguir el hades del infierno, propiamente dicho.

¿Cómo será el sufrimiento en el infierno? Debemos guardarnos de hacer especulaciones indebidas, ya que las Escrituras no describen con detalles específicos los tormentos del infierno. No debemos caer en el error de los medievales, quienes describían el infierno con los vívidos detalles de un guía que conduce a turistas por el Vaticano. Sin embargo, Jesús contó una historia que nos da una vista parcial del infierno, o más precisamente, una mirada al hades, que es el preludio al lugar definitivo de castigo eterno.

CARACTERÍSTICAS DEL INFIERNO

En un capítulo anterior hicimos referencia a la historia de Cristo acerca del hombre rico que estaba en el hades, mientras que su amigo Lázaro se encontraba en el seno de Abraham. Lo que Cristo quería mostrar era cómo la suerte de aquellos hombres fue completamente reversada en la vida venidera. El hombre rico estaba en tormento ahora, mientras que el hombre pobre gozaba de dicha sin par.

Después del juicio, el hades es arrojado al lago de fuego. Sin embargo, no hay duda de que algunas características del infierno persistirán, o en términos más precisos, los sufrimientos del hades se intensificarán en el infierno.

Un lugar de tormento

Usualmente, cuando pensamos en el infierno, nos imaginamos el fuego, pues Cristo habló del «fuego del infierno». En Apocalipsis leemos acerca del «lago de fuego y azufre».

No hay razón para creer que los tormentos del infierno no incluyan fuego físico, puesto que los cuerpos de quienes estén allí, habrán sido recreados y hechos indestructibles. A diferencia de nuestro cuerpo actual, el cuerpo que posea los muertos resucitados no podrá incinerarse o destruirse. El fuego literal es una posibilidad real.

Sin embargo, como hemos aprendido con anterioridad, hay otro tipo de fuego que estará presente en el infierno, un fuego que puede ser aún peor que el fuego literal. Es el fuego de la pasión insatisfecha, de los deseos que nunca se pueden aplacar. Los apetitos que arden perpetuamente nunca disminuyen, y la consciencia torturada se enciende pero nunca es saciada ni aquietada. Habrá deseos desmesurados frente a una satisfacción reducida.

El infierno consiste entonces, en un alma inerme unida a un cuerpo indestructible, abandonados a su propio pecado durante la eternidad. El infierno es un lugar de culpa interminable y virulenta, sin calmantes o sedantes. El fuego literal sería bienvenido si tan sólo pudiera limpiar la conciencia atormentada.

Puede estar seguro de esto: ni el diablo ni sus ángeles atormentarán a las personas en el infierno. Satanás y sus demonios estarán entre los atormentados, no serán torturadores (Apocalipsis 20:10).

Un lugar de abandono

En el hades existía un abismo infranqueable entre los dos hombres, pero al menos podían hablar el uno con el otro. Sin embargo, en el infierno no es probable que se dé la oportunidad para establecer tal comunicación. Por una razón, el «seno de Abraham» fue trasladado directamente a la presencia de Cristo en la Ascensión. Además, el Nuevo Testamento no indica que quienes van al infierno pueden comunicarse entre ellos.

C. S. Lewis, creía que no existirá comunicación en el infierno, debido a que es un lugar de soledad. Jonathan Edwards decía que los incrédulos al estar uno al lado del otro, sólo añadirán amargura mediante expresiones de odio, acusaciones y maldiciones. De una cosa podemos estar absolutamente seguros: no se desprenderá ningún consuelo de la presencia de otros. Consumidos con el tormento de pecado violento y no perdonado, los habitantes del infierno nunca serán reconfortados.

Sin embargo, las Escrituras enseñan que los que estén en el infierno serán atormentados en presencia de Cristo y de los santos ángeles (Apocalipsis 14:10). Nada se menciona en cuanto a que otras personas puedan ver los sufrimientos de los condenados, aunque en ciertas ocasiones Dios invita a ángeles o a personas justas a contemplar el juicio que inflige sobre los malvados (Salmo 46:8-9; Isaías 66:23-24; Apocalipsis 19:17-21). El famoso predicador británico Charles Haddon Spurgeon escribió: «Si hay una cosa peor que cualquier otra en el infierno, será ver a los santos en el cielo... Esposo, allá está tu esposa en el cielo, y tú entre los condenados. ¿Y, ves a tu padre? Tu hijo está ante el trono, ¡y tú en el infierno, execrado por Dios y por los hombres!»

Si los creyentes van a ser testigos de estos eventos, podemos estar seguros de que van a estar completamente de acuerdo con la justicia expuesta por Dios, porque apreciarán todas las cosas desde su punto de vista. De esta manera, los justos pueden disfrutar la dicha del cielo, conociendo completamente bien el infortunio de los impíos en el infierno.

Aunque Dante añadió muchas de sus propias ideas a las supersticiones de su época al escribir: *El infierno*, la señal que leyó, en el vestíbulo del infierno, plasma la enseñanza bíblica de la consternación y el abandono.

Yo soy el camino a la ciudad del lamento.
Yo soy el camino hacia el pueblo abandonado.
Yo soy el camino que lleva a la desdicha eterna.

Mi arquitecto fue movido por la justicia sagrada.
Fui establecido aquí por divina omnipotencia,
Amor primordial e intelecto extremo.

Sólo aquellos elementos que el tiempo no desgasta
Fueron creados antes de mí, y permanezco por encima del tiempo.
Abandonad toda esperanza quienes entran por aquí.

Canto 3:1-9

Jonathan Edwards señaló que quienes se encuentran en el infierno, no tendrán ninguna razón para guardar cualquier esperanza secreta, en el sentido de que cuando hayan estado mucho tiempo en las llamas, Dios tendrá misericordia de ellos y los va a indultar. Dios, afirma Edwards, no se sentirá inclinado a soltarlos después de un millón de eras, de lo que se hubiera sentido desde el primer momento. No es de asombrarse, dijo Edwards, ¡cualquier descripción que hagamos del infierno no pasa de ser una débil representación de la realidad!

Un lugar de eternidad

¿Cuánto dura la eternidad?

Visualiza un pájaro que pasa por la tierra cada millón de años y lleva un grano de arena hasta un lejano planeta. Con esa frecuencia, tomaría miles de billones de años para que el pájaro se lleve un simple puñado de arena. Ahora ampliemos esa ilustración y pensemos cuánto se demoraría el pájaro en desalojar la playa *Oak Street* en Chicago y después las miles de playas en todo el mundo, para luego empezar con las montañas y la corteza terrestre.

Para cuando el pájaro haya transportado toda la tierra al distante planeta, la eternidad no habría siquiera empezado oficialmente. Hablando en términos estrictos, no se pueden empezar series infinitas, ya que un comienzo implica un final. En otras palabras, podríamos decir que cuando el pájaro haya terminado su trabajo, los que se encuentren en la eternidad no estarán más cerca de ver su sufrimiento aminorado. No hay tal cosa como una eternidad a medias.

El pensamiento más grave que puede cruzar nuestras mentes es el hecho de que, aquel hombre rico que está en el hades aún no ha recibido la gota de agua que tanto anhelaba. Hoy mismo, mientras lees este libro, él está allí todavía aguardando el juicio final del lago de fuego. La eternidad perdura, y es imperecedero.

Un lugar de fácil acceso, pero sin salida

Entrar al infierno es bastante fácil. Todo lo que hay que hacer es abandonar a Cristo, el único que nos puede salvar.

Jonathan Edwards, a quien hemos citado, dio más importancia a la doctrina del infierno, que cualquier otro teólogo. Su sermón «Pecadores en manos de un Dios airado» mantenía estupefactos a los oyentes, despojándolos de cualquier objeción o excusa que pudieran tener contra la doctrina del infierno. Él insistía en que, actualmente hay personas vivas, con las cuales Dios está más airado, que con aquellas que están en el hades (él lo llamaba infierno) y ya han muerto. Por lo tanto, era sólo la misericordia de Dios la que los prevenía de hundirse en el abismo:

> No hay nada que mantenga a los hombres impíos alejados del infierno, más que la simple complacencia de Dios... No hay ningún deseo en el poder de Dios de echar a los malvados al infierno... Ellos merecen ser arrojados al infierno, así que, la justicia divina nunca se interpone... Ahora son objeto del mismo enojo y la ira que se expresan en los tormentos del infierno... Oh sí, Dios está más enojado con muchos de los que están ahora en la tierra, seguramente con quienes leen este libro y están ahora en calma, que con aquellos que ya se encuentran en las llamas del infierno.

Los hombres no convertidos caminan por encima del hoyo infernal sobre una tapa podrida, y hay incontables puntos débiles en esta cubierta, que no podrán soportar su peso, y esas partes son invisibles... Ahí debajo está el espantoso foso con las llamas encendidas de la ira de Dios; allí está completamente abierta la dilatada embocadura del infierno; y no hay nada que te pueda sostener, nada a lo que te puedas aferrar, no hay nada más que aire entre el infierno y tú; sólo el poder y la complacencia de Dios te sostienen... Su ira arde contra ti como un incendio; Él te ve, únicamente, como digno de ser arrojado al fuego... Cuelgas del endeble lazo, con las llamas de la ira divina que le acechan y pueden chamuscarlos en cualquier momento, para romperlo en dos pedazos.[6]

¡Qué terrible! Si haber leído este capítulo fue atemorizante, la buena noticia es que, si Dios te concede el deseo de confiar en Cristo para escapar del infierno, estás invitado para hacerlo. No hay duda alguna: «El que cree en el Hijo tiene la vida eterna; pero el que rehusa creer en el Hijo no verá la vida, sino que la ira de Dios está sobre él» (Juan 3:36). Gracias a Dios, existe una salida; ¡podemos ser protegidos para siempre de la ira venidera!

NOTAS

1. John A. Robinson, «Universalism: Is It Heretical?» *Scottish Journal of Theology.* (junio de 1949), p. 155.
2. Percy Dearmer, *The Legend of Hell.* (Londres: Cassell, 1929), pp. 74-75.
3. Robert Morey, *Death and the Hereafter.* (Minneapolis: Bethany, 1984), p. 90.
4. Walter B. Knight, *Knight's Master Book of New Illustrations.* (Grand Rapids: Eerdmans, 1956), p. 159.
5. Charles Hodge, *Systematic Theology*, vol. 3, cuarta parte. (Grand Rapids: Eerdmans, 1956), p 159.
6. Warren Wiersbe, *Treasury of the World's Great Sermons.* (Grand Rapids: Kregel, 1977), pp. 198-205.

CAPÍTULO SIETE

₵UANDO LA CORTINA SE ABRA PARA TI

Muerte por suicidio — Fe en la providencia de Dios — una lección de cómo se debe morir

En el medio oriente se cuenta la fábula de un mercader de Bagdad, que envió a su siervo a la plaza de mercado a realizar una diligencia. Cuando el siervo terminó su tarea y estaba a punto de abandonar la plaza de mercado, dio la vuelta en una esquina y se encontró inesperadamente con la señora Muerte.

La mirada que había en el rostro de la señora muerte, le asustó tanto que salió de allí corriendo hasta la casa. Le contó a su amo lo que había ocurrido y le pidió prestado el caballo más rápido, para alejarse de la señora Muerte; un caballo que lo llevara hasta Sumera antes de caer la noche.

Más tarde, el mercader fue a la plaza de mercado y encontró a la señora Muerte: «¿Por qué asustaste a mi siervo esta mañana?» le preguntó.

«Yo no quise asustar a tu siervo, yo fui la sorprendida, no esperaba ver a tu siervo en Bagdad esta mañana, pues tengo una cita con él en Sumera esta noche.»

Tú y yo tenemos un compromiso. Tal vez se llevará a cabo en Londres, Taipei, o Chicago. Sea donde sea, es una cita ineludible. Como decía C. S. Lewis, las estadísticas de muerte son impresionantes. ¡Hasta el momento, se mantiene la relación de probabilidad de un caso llevado por cada caso llamado; o sea, de uno por uno!

El cáncer, los accidentes, y cientos de diferentes enfermedades, acechan esperando la oportunidad de devorarnos. La muerte nos espera, así como el piso de concreto aguarda al bombillo que cae. La primera persona que murió no fue Adán, el primer pecador; tampoco Caín, quien fue el primer asesino; sino Abel, el que era justo. Sonreímos con la boca torcida cuando escuchamos la historia del empresario amistoso que firmaba toda su correspondencia diciendo: «Algún día tuyo.»

MUERTE POR SUICIDIO

El sufrimiento que con frecuencia precede a la muerte puede ser tan agudo, que muchas personas esperan poder esquivar el proceso de morir, para llegar a la muerte misma. Aceleradamente se venden muchos libros que explican métodos para cometer suicidio; un creciente número de personas quiere «controlar su propio destino» antes que estar a merced de la medicina moderna. Se nos dice que tenemos derecho a «morir con dignidad».

Hablando en términos estrictos, nadie «muere dignamente.» Desde que el pecado entró al mundo y trajo consigo la muerte, ésta ha sido la última humillación, el hecho inalterable que confirma nuestra mortalidad y que reduce a cenizas nuestros cuerpos.

Aparentemente, Jesús mismo colgó desnudo de la cruz, expuesto fuera de la ciudad de Jerusalén a miradas impertinentes. Tenemos que agradecer que ninguno de nosotros probablemente tendrá que padecer una tortura pública tan vergonzosa, la muerte nunca es linda.

Otro argumento para asistir a las personas en su muerte, se debe a que la tecnología médica ha prolongado la vida artificialmente. En lugar de sufrir, ahora tenemos doctores que asumen la tarea de ayudar a los pacientes para que se concedan a sí mismos la «autoliberación.»

Este no es el lugar para discutir la irradiación del suicidio asistido en nuestra sociedad. Sólo podemos anticiparnos a las presiones que se pondrán sobre los ancianos para acabar con todo y de esa forma reducir costos médicos y facilitar las cosas para sus familiares. Rápidamente, el *derecho* a morir se podría convertir en la *responsabilidad* de morir.

Aquellos que optan por el suicidio (por la razón que sea), deberían recordar que la muerte no es el fin, sino una puerta que conduce a la existencia eterna. Es triste, pero hay que decir que algunos para quienes el dolor de la muerte es intolerable, van a despertar en un reino donde todo es más terrible de lo que puede llegar a ser en la tierra. Deberíamos recibir la muerte como un regalo de Dios, pero no forzar la mano que la trae.

Recientemente, un pastor reconocido cometió suicidio. Había predicado el evangelio durante varios años; sin duda docenas, sino cientos de personas, se convirtieron bajo su ministerio, y sin embargo yacía en el prado con heridas de bala provocadas por sí mismo.

Sí, los cristianos, aquellos genuinos cristianos, a veces cometen suicidio. Yo creo que ellos llegan al cielo por la única ruta que todos vamos a recorrer: *la gracia de Dios.* Por supuesto, quienes acaban con sus propias vidas, mueren fracasados; su último acto fue un asesinato (el suyo propio). Y sin embargo, por haber quedado cobijados bajo la protección de Dios, por medio de Cristo, serán escoltados a las puertas del cielo.

Como pastor he tenido frecuentes llamadas telefónicas de personas confundidas, las cuales me buscan para que les asegure que van a ir al cielo si llegan a cometer suicidio. Como tengo la costumbre de hacer, es que les digo que tienen otras opciones, el suicidio no constituye en ningún caso la salida honrosa de una dificultad. Cualquiera que sea nuestra necesidad, Cristo nos ha dado los recursos para sobrellevar las dificultades de la vida. Esto puede significar que se deban tomar decisiones difíciles, pero siempre hay una «forma de escapar.»

En segundo lugar, y esto es importante, es jactancioso cometer suicidio sobre la premisa de que todo va a salir bien al otro lado. En primer lugar, muchas personas que dicen ser cristianas no lo son. Si es así el suicidio es para ellos una puerta hacia la miseria eterna. En segundo lugar, olvidamos que somos responsables ante Cristo por la forma en que hayamos vivido (y muerto), en la tierra. Aunque Cristo no va a hacer desfilar nuestros pecados ante nosotros, nuestra vida será cuidadosamente revisada. Simplemente no tiene sentido ver a Cristo antes de que Él nos llame por nuestro nombre.

FE EN LA PROVIDENCIA DE DIOS

El 8 de noviembre de 1994, el pastor Scott Willis y su esposa Janet, viajaban con seis de sus nueve hijos por la autopista I-94 cerca de Milwaukee, cuando un pedazo de metal cayó del camión que estaba delante de ellos. Scott no tuvo otra opción que dejar pasar el objeto por debajo de su vehículo; el resultado fue la explosión del tanque de combustible y la muerte instantánea de cinco de los niños Willis, en las llamas. El sexto hijo, Benjamin, murió unas cuantas horas después.

Scott y Janet pudieron salir del vehículo, soportando quemaduras de las que se recuperarían después. Estando ahí parados, viendo morir a sus hijos en el fuego, Scott dijo a Janet: «Este es el momento para el que nos hemos preparado.» El valor de esta pareja fue publicado a lo largo de Estados Unidos y del mundo. Cristo caminó junto a ellos a través de los profundos pesares de esta tragedia.

«Cada mañana que nos despertamos decimos: este es un día más para comprobar la fidelidad de Dios. Cada noche decimos: hoy nos acercamos un día más para ver nuevamente a nuestros hijos.» Tal es el testimonio de esta pareja que supo entender que los hijos son un regalo de Dios; y que cuando Dios los quiere de vuelta, Él tiene el derecho de tomarlos para sí. Job, el patriarca del Antiguo Testamento, estaría de acuerdo.

Decimos que la familia Willlis tuvo un accidente, pero, ¿acaso no era éste un suceso providencial, desde la perspectiva de Dios? Yo así lo creo. Lo que nosotros llamamos un accidente, puede ser un evento bien planeado por Dios.

Piensa tan sólo en las contingencias, los detalles que debían convergir para que sucediera el accidente. He aquí unos cuantos: *si tan sólo* hubieran empezado su viaje un minuto antes en la mañana, o un minuto después. De nuevo, *si tan sólo* el camión hubiera estado en otro lugar de la autopista, unos cuantos segundos antes o después. O, podemos decir: «*Si tan sólo* ese pedazo de metal se hubiera caído antes o después, o si hubiera saltado rápidamente hacia la zanja y no en la mitad de la vía...»

Con un poco de ingenuidad podríamos identificar una docena de *si tan solos*. Después de todo, este accidente no habría ocurrido a no ser que un conjunto de circunstancias convergieran en el tiempo y lugar precisos.

Escucha las conversaciones que se dan en casi todos los funerales, y escucharás algunos «*si tan solo.*»

«*Si tan sólo* hubiéramos llamado antes al doctor...»

«*Si tan sólo* no hubiera habido hielo en la carretera...»

«*Si tan sólo* hubiéramos notado antes el abultamiento...»

«*Si tan sólo* hubieran hecho la operación...»

Déjame animarte a que te fijes en los «si tan solos» y traces un círculo alrededor de ellos. Luego marca el círculo: «La providencia de Dios.» El cristiano cree que Dios es mayor que sus «si tan solo». Su mano providencial abarca todas las áreas de nuestras vidas, no únicamente los buenos días sino también los «malos». Tenemos la palabra *accidente* en nuestro vocabulario, pero Él no cuenta con ella.

Los accidentes, la salud quebrantada, o incluso la muerte a manos del enemigo, Dios utiliza todos estos medios para llevar a sus hijos a casa. Mientras estemos encomendados a su cuidado, podemos tener confianza de que vamos a morir de acuerdo con su itinerario. No podemos controlar los eventos que están fuera de nuestro alcance; pero sí somos responsables de cómo reaccionamos frente a lo que ocurre en los eventos aparentemente aleatorios de la vida. El hecho es que Dios puede enviar cualquier carruaje que desee, para recogernos y llevarnos a su presencia.

Marta y María también tenían sus «si tan solo» (Juan 11:1-44). Cuando le dijeron a Cristo que su amigo Lázaro estaba enfermo, Él permaneció alejado durante dos días más, hasta que Lázaro murió y fue enterrado cuando Él regresara a Betania. Las hermanas le formularon su queja de manera individual: «Si tan sólo hubieras estado aquí, mi hermano no habría muerto.» Sin embargo, Cristo quería que ellas entendieran que Lázaro había muerto en la voluntad de Dios; había muerto de acuerdo con la programación divina.

No se gana nada lamentándose de que «si tan sólo hubiéramos sabido, las cosas habrían podido ser diferentes». No tenemos que ser como la mujer que iba a la tumba de su esposo todas las mañanas, durante catorce años, porque se sentía culpable. Ella había convencido a su esposo de ir a un concierto; en el camino tuvieron un accidente y él murió. Esta falsa culpabilidad no es de Dios, sino que se genera en la persona.

Esa mujer, ¡que Dios la bendiga! se pudo haber ahorrado muchas penas si tan sólo hubiera recordado que sólo somos humanos y que sólo Dios es Dios. Ella no podía saber por adelantado que iba a ocurrir el accidente esa noche. Todos nosotros hemos animado a nuestras parejas a que vayan a algún lugar, al cual ellas no deseaban ir; todos pudimos haber sufrido una eventualidad semejante. Debemos ver que Dios es más grande que nuestros errores; Él es mayor que un pedazo de metal que cae azarosamente de un camión en la autopista. Debemos recordar que los eventos que se salen por completo de nuestro control, están firmemente sujetos a su voluntad.

A la edad de veintiséis años, Lina Sandell Berg, se encontraba acompañando a su padre cuando abordaban un barco que atravesaba el lago Vattern en Suecia, el cual se dirigía a la ciudad de Gotemburgo. La embarcación dio un bandazo inesperadamente y el padre de Lina, un devoto cristiano, cayó por la borda y se ahogó ante los ojos de su hija. Con el corazón quebrantado, ella escribió una canción que muchos de nosotros cantamos a menudo. Al leer la lírica, busca todas las líneas que afirman la confianza de Lina de que su padre murió en el cuidado y la protección amorosa de Dios.

Día a día y con cada momento que transcurre,
Fortaleza encuentro para enfrentar aquí mis pruebas;
Confiando en la sabia provisión de mi Padre,
No tengo por qué preocuparme ni temer.

Aquel cuyo corazón amable sin medida es
Da en cada día lo que mejor considera.
Amorosamente, su porción de dolor y alegría,
Mezclando afanes con descanso y paz.

Día a día el Señor mismo cerca de mí está,
Con misericordia especial para cada hora;
Todas mis preocupaciones con gusto soportaría, animándome,
Aquel cuyo nombre es Poderoso Consejero.

Proteger a su hijo, su tesoro,
Es un encargo que sobre sí ha puesto;
«Tal como tus días, tu fortaleza será medida,»
Esta es la promesa que Él a mí me ha hecho.

De forma sorprendente, Lina tenía confianza en que la muerte de su padre, la cual sería atribuida por muchos al azar de un barco llevado por el viento, estaba sujeta al amoroso cuidado de Dios. Ella podía escribir: «Proteger a su hijo, su tesoro, es un encargo que sobre sí ha puesto.» Lejos de ver este incidente como un descuido cruel por parte de Dios, ¡ella vio en la muerte de su padre una expresión de amorosa protección! Desde el punto de vista humano, él murió debido a las olas impredecibles; por el lado divino, murió porque Dios quería que estuviera en casa.

A medida que se acerca el momento de nuestra muerte, podemos hallar consuelo en alguien que ya atravesó la cortina y ha regresado para contarnos qué esperar al otro lado. Cristo es nuestro mejor ejemplo en cuanto a cómo enfrentar aquella hora final, la cual nos llegará con seguridad. Él murió para que nosotros podamos morir triunfalmente.

UNA LECCIÓN DE CÓMO SE DEBE MORIR

Nosotros nunca tenemos que decir de un creyente: «Partió.» Más bien, podemos decir: «Llegó.» El cielo es el destino final del cristiano. Gracias a Cristo, podemos librarnos del temor a la muerte. Podemos cobrar ánimo de Cristo, quien nos dio ejemplo acerca de cómo enfrentar aquella hora final.

Cristo murió con una actitud correcta

Cristo murió con una mezcla de dolor y gozo. Escucha sus palabras en Getsemaní: «Mi alma está muy triste, hasta la muerte; quedaos aquí, y velad conmigo» (Mateo 26:38). Los discípulos lo defraudaron, así que imploró a solas ante su padre: «Padre mío, si no puede pasar de mí esta copa sin que yo la beba, hágase tu voluntad» (v. 42).

Él agonizó al contemplarse identificado con los pecados del mundo. Pronto se convertiría legalmente en culpable de adulterio, robo y asesinato. Como acarreador del pecado, sabía que su santidad personal entraría en contacto con la podredumbre del pecado. Estaba acongojado hasta la muerte, al batallar con el trauma que le esperaba.

Pero había esperanza también. Su muerte perentoria constituía una puerta que lo conduciría nuevamente al Padre; era la senda de la victoria. Antes de ir a Getsemaní, pronunció estas palabras: «Ahora pues, Padre, glorifícame tú al lado tuyo, con aquella gloria que tuve contigo antes que el mundo fuese» (Juan 17:5). También leemos en otra parte que soportó la cruz: «por el gozo puesto delante de él... menospreciando el oprobio, y se sentó a la diestra del trono de Dios» (Hebreos 12:2). A corto plazo la situación era dolorosa, pero a largo plazo había gloria y gozo.

No debemos sentirnos culpables por afrontar la muerte con temor, pues Cristo mismo experimentó angustia emocional la noche anterior al horror de la cruz. Sin embargo, con el temor también vino el consuelo; el gozo y la tristeza tuvieron lugar en el mismo corazón. La muerte era, después de todo, la voluntad del Padre para Cristo, y para todos nosotros.

Una hija comentó acerca de su piadoso padre, quien había muerto de cáncer: «En sus últimos días, mi papá pasó más tiempo en el cielo, del que pasó en la tierra.» Si podemos ver más allá del padecimiento que precede inmediatamente a la gloria, encontraremos gozo. La salida es penosa; la entrada es jubilosa.

Cristo murió en el tiempo adecuado

La noche de su traición Cristo decidió comer la Pascua con sus discípulos. «Antes de la fiesta de la pascua, sabiendo Jesús que su hora había llegado para que pasase de este mundo al Padre, como había amado a los suyos que estaban en el mundo, los amó hasta el fin» (Juan 13:1). Esta fue la hora en que se agolparon la agonía de Getsemaní, la traición de Judas, y la espantosa muerte en la cruz. Es interesante que leímos tres veces que: «aún no había llegado su hora» (Juan 7:30; 8:20; véase también 2:4). Hasta que llegó «la hora,» sus enemigos fueron impotentes contra Él.

¿Qué sostuvo a Cristo? Leemos que «sabiendo Jesús que el Padre le había dado todas las cosas en las manos, y que había salido de Dios, y a Dios iba, se levantó de la cena, y se quitó su manto, y tomando una toalla, se la ciñó» (Juan 13:3-4). Él había venido a la tierra en la hora señalada por Dios, y ahora regresaba ¡justo a tiempo! ¡No existía la más mínima posibilidad de que Cristo muriera antes de lo previsto por Dios!

Cristo murió más rápido que los demás crucificados. Los soldados, recordarás, no quebraron sus piernas porque «le vieron ya muerto» (Juan 19:33). Él murió entre las tres y las seis de la tarde, al mismo tiempo que los corderos de Pascua eran sacrificados. Murió a la hora que Dios había planeado, lo cual nos recuerda de forma extraordinaria que Él era sin duda «el Cordero de Dios, que quita el pecado del mundo» (Juan 1:29).

Sólo tenía treinta y tres años de edad, era joven según los parámetros actuales, así como los de la cultura en el antiguo medio oriente. ¿Por qué no a los cincuenta y tres, para que hubiera pasado más años sanando a los enfermos, entrenando a los discípulos y predicando el amor de Dios a las multitudes? Sin duda que las personas de aquellos días se hacían esta pregunta, al igual que hoy en día, acerca de por qué los justos mueren jóvenes con frecuencia, mientras que los malvados llegan a viejos.

Sí, incluso el crimen de la crucifixión formaba parte del buen plan de Dios. «Porque verdaderamente se unieron en esta ciudad contra tu santo Hijo Jesús, a quien ungiste, Herodes y Poncio Pilato, con los gentiles y el pueblo de Israel, para hacer cuanto tu mano y tu consejo habían antes determinado que sucediera» (Hechos 4:27-28). Esas personas no podían actuar hasta que lo marcara el reloj de Dios. ¡Había llegado la «hora»!

Cristo murió joven, pero su obra estaba completamente finalizada. No tenemos que vivir una larga vida para hacer todo lo que Dios ha planeado que hagamos. Algunos de los mejores siervos de Dios murieron a temprana edad; temprana desde nuestra perspectiva, en el tiempo adecuado según Dios. Ellos también han completado la obra que Dios les asignó.

La muerte de un niño parece ridiculez, ya que Dios toma la vida de la persona antes de que él o ella tenga el gozo de lograr algo. Como afirma Jung: «Es como poner el punto antes de terminar una frase.» Pero la corta vida de un niño puede cumplir la voluntad de Dios. Aunque no podamos entenderlo, aquel pequeño ser ha «terminado la obra que Dios le ha asignado». Aunque ahora está en el cielo, el niño continúa su ministerio en la vida de sus padres y familiares.

Jim Elliot, quien fuera asesinado siendo un joven misionero entre los indios Auca, dijo: «Dios está poblando el cielo, ¿por qué debería limitarse a la gente anciana?»

Sin duda, ¡no hay razón! Si Dios quiere tomar para sí de entre el rebaño a uno de sus corderitos, o si desea llevarse a un siervo en la flor de su vida, tiene todo el derecho. Aquí creemos que es algo cruel, sólo porque no podemos ver detrás de la cortina oscura.

Por supuesto, cuando lo vemos desde nuestra perspectiva, podemos apresurar nuestra propia muerte con malos hábitos alimenticios y otras formas de descuido. Y algunas veces la gente ocasiona en últimas la muerte prematura de otro ser humano. Las madres que practican abortos, los ladrones que matan a sus víctimas; en estos casos Dios los hace responsables de sus acciones.

Pero afirmemos con resolución que aún cuando un creyente es asesinado por hombres malvados (Jim Elliot sirve como ejemplo), esa persona muere de conformidad con el plan providencial de Dios. Si Cristo, quien fue brutalmente asesinado por celosos líderes religiosos, murió como Dios lo había previsto, ¿por qué deberíamos creer que un creyente muerto a bala en un asalto no pueda estar igualmente bajo el cuidado del Todopoderoso? Los accidentes automovilísticos, los ataques cardíacos, el cáncer; todos estos son los medios utilizados para abrir la puerta del cielo a los hijos de Dios. La causa inmediata de nuestra muerte no es ni la calamidad, ni la arbitrariedad. Aquel que conoce la cantidad de cabellos que hay en nuestra cabeza y ve caer el pajarillo, mantiene el destino de cada uno de nuestros días en sus manos amorosas.

Nuestra muerte está meticulosamente planeada como la muerte de Cristo. No existe combinación de hombres malvados, enfermedades o accidentes que puedan ocasionarnos la muerte, mientras Dios tenga aún trabajo para nosotros. Los que caminan con fe en la providencia de Dios, mueren de conformidad con el itinerario de Dios.

Este hecho debería librarnos de sentir una falsa culpabilidad.

La madre que sin pensarlo le respondió «Sí,» a su pequeña hija que le había preguntado «¿Puedo cruzar la calle?» para luego verla atropellada por un camión, esa bendita mujer debe entender que su pequeña también murió bajo el control de la providencial mano de Dios. ¿Acaso no habría podido el Todopoderoso disponer que el camión llegara a la intersección un momento antes o después? O, ¿no habría podido ser detenida la madre, o haber llegado en otro momento? Sí, aún los accidentes ocurren dentro del círculo de la divina providencia.

A veces los pastores vacilan para decirle a las familias cristianas: «Dios se llevó a su hijo.» Algunos piensan que es mejor decir: «El cáncer se lo llevó.» Pero el cristiano puede ver más allá de esas causas inmediatas. Él conoce que Dios puede controlar las enfermedades y obstruir a los malvados. La causa inmediata de la muerte puede ser un sinnúmero de cosas, pero la causa última, es Dios mismo. Sí, hombres malvados clavaron a Cristo en la cruz, no obstante leemos: «Jehová quiso quebrantarlo, sujetándole a padecimiento» (Isaías 53:10).

Digamos con claridad que Dios se llevó a los seis hijos de la familia Willis. Dios tomó la vida de la mujer cuyo cáncer fue descubierto demasiado tarde para recibir un tratamiento. Dios se llevó al niño abaleado en un tiroteo cercano. Y algún día Dios te va a llevar a ti y a mí.

Cristo murió de la manera correcta

Hemos hecho énfasis en que hay muchas formas de morir: la enfermedad, los accidentes, el asesinato, para nombrar unas pocas. Las circunstancias son diferentes para cada individuo. En el plan de Dios, Cristo tenía que morir en una cruz, ya que era un símbolo de humillación y una señal inequívoca de que había sido maldecido por Dios. Era una muerte sin dignidad alguna.

Por ningún lado había una habitación hospitalaria, ni fundas que cubrieran la vergüenza de su cuerpo bañado en sangre. Murió sin dignidad alguna, crucificado desnudo para que todos le vieran. Hoy en día, la mayoría de personas mueren bajo el efecto de fuertes sedantes que hacen de su salida lo más pacífico posible. Cuando le ofrecieron a Cristo vino mezclado con mirra, se rehusó aceptar este arcaico sedante, para estar plenamente consciente de lo que sucedía a su alrededor. Decidió asumir todo el horror que ofrecía una muerte como esa.

Si el tiempo de nuestra muerte está fijado bajo la guía de la divina providencia, así mismo lo están los medios para realizarla. Cristo predijo, por ejemplo, cómo llegaría Pedro al final de sus días en la tierra: «De cierto, de cierto te digo: Cuando eras más joven, te ceñías, e ibas a donde querías; mas cuando ya seas viejo, extenderás tus manos, y te ceñirá otro, y te llevará a donde no quieras.» Luego añade Juan: «Esto dijo, dando a entender con qué muerte había de glorificar a Dios» (Juan 21:18-19). Siendo un anciano, Pedro fue atado a una cruz con sus manos extendidas, aparentemente boca abajo porque se sentía indigno de ser crucificado de la misma forma en que Cristo lo fue. ¿Puede alguien negar que Cristo estableció la forma en que Pedro moriría?

Lo más seguro es que nuestra muerte no sea por crucifixión. Pero nuevamente, sabemos que la decisión final será tomada por Dios. El ujier que Dios elija vendrá a nuestro encuentro, tocará nuestra puerta y será el tiempo de partir. Podemos estar agradecidos porque Cristo dijo: «Y no temáis a los que matan el cuerpo, mas el alma no pueden matar; temed más bien a aquel que puede destruir el alma y el cuerpo en el infierno» (Mateo 10:28). Si tenemos temor de Dios, no necesitaremos temer nada más.

Cuando llegue el llamado final, será como estar sentados en un concierto disfrutando de la música, y escuchar que nos llama antes que acabe la presentación. Será como construir una casa y ser avisados de que no la habitaremos. Esta interrupción abrupta de nuestros planes, sin embargo, nos conducirá a nuestro hogar permanente.

Cristo murió por la razón correcta

La muerte de Cristo no fue simplemente el fin trágico de una hermosa vida. Dentro de la voluntad de Dios, su muerte consumó la redención de todas las personas a quienes Dios había escogido. Cristo se refiere a estos individuos como el regalo que Dios le otorgado: «A los que me has dado» (Juan 17:11). Cuando exclamó: «¡Consumado es!» la obra fue culminada (Juan 19:30).

Obviamente, nuestra muerte no consigue la redención, pero es el medio por el cual experimentamos la redención que Cristo obtuvo para nosotros. La muerte es la puerta por la cual podemos abandonar las limitaciones y dolores de esta existencia, para entrar el reino celestial. Nuestra muerte también cumple un propósito divino.

Aunque podemos estar agradecidos por los prodigios de la medicina moderna, llega un tiempo en que los creyentes deben responder al llamado para «ascender a las alturas». Con frecuencia cuando se enferma un cristiano, oramos inmediatamente por su recuperación física. ¿Cómo podemos estar seguros de que no sea el tiempo de Dios para hacer llegar a la persona a la herencia reservada para ella? (1 Pedro 1:4).

Cuando una persona ha vivido una larga vida y no tiene virtualmente ninguna esperanza de recuperación, debemos simplemente encomendarla a Dios, antes que tomar medidas audaces para alargar un día más de existencia desdichada. El día de nuestra muerte es el día de nuestra glorificación. La muerte es la entrada triunfal, la puerta que da acceso a la eternidad. Eventualmente se abrirá, en el tiempo y en la forma que Dios tenga para dejar que otro hijo llegue a casa, donde él o ella pertenecen.

Cristo murió con el compromiso correcto

La muerte puede ser un tiempo de confianza en la liberación de Dios. La última expresión de Cristo fue: «Padre, en tus manos encomiendo mi espíritu» (Lucas 23:46). De esta manera murió encomendándose al Padre, a quien había amado tan ardientemente. Nosotros también podemos morir encomendando nuestra eternidad en las manos de nuestro Padre que está en los cielos.

Muchos cristianos creen que Cristo descendió al infierno (o más precisamente el hades), antes de ir al Padre. Esta enseñanza está corroborada por el credo de los Apóstoles, donde se afirma que «Él descendió al infierno.»

En el día de Pentecostés, Pedro citó el Salmo 16:10 y lo aplicó a Cristo: «Porque no dejarás mi alma en el Hades, ni permitirás que tu Santo vea corrupción.» Aparentemente, el alma de Cristo fue al seol o al hades. Sin embargo, debemos recordar que el hades tenía dos regiones, una para los justos y otras para los injustos. Que Cristo haya ido al lado de los justos, se puede demostrar citando sus palabras dirigidas al ladrón que colgaba de la cruz a su lado izquierdo: «Hoy estarás conmigo en el paraíso» (Lucas 23:43).

Puesto que Cristo murió antes que el ladrón, nuestro Señor le estaba esperando; allí en el paraíso se volvieron a encontrar, esta vez para hablar de las glorias de la eternidad. Los pecados que el ladrón había cometido habían sido removidos en el momento en que ejerció su fe en el Cristo agonizante.

¡Reflexiona en la fe que tuvo el ladrón! Humanamente hablando, Cristo no parecía estar mejor que él mismo. Es obvio que Cristo no tenía el aspecto de un Salvador, mientras se retorcía del dolor en la cruz. Sin embargo, había algo acerca de Él que llamó la atención del ladrón. Quizás el ladrón había oído hablar de Cristo mucho antes de encontrarse con Él en Gólgota. O tal vez fueron las palabras que Cristo pronunció y la actitud que reflejaba. Sea cual fuere la razón, el ladrón creyó y fue salvo.

El ladrón quien murió al lado izquierdo de Cristo le rechazó retándole: «Si tú eres el Cristo, sálvate a ti mismo y a nosotros» (Lucas 23:39). Él pensaba únicamente en la salvación de su cuerpo, no en la salvación de su alma. Si murió con la jactancia que las Escrituras nos muestran de él, no se reunió con Cristo en el paraíso.

Cristo no fue al hades para sufrir por nosotros. Toda la enseñanza del Nuevo Testamento enfatiza el hecho de que su sufrimiento tuvo lugar en la cruz, donde derramó su sangre. Allí fue pagada nuestra deuda. Cuando su alma abandonó el cuerpo, se encontró a sí mismo en la presencia de Dios, al lado del ladrón arrepentido. Tres días después, Cristo fue levantado de los muertos con un cuerpo glorificado y ascendió posteriormente al cielo.

¿Cómo podremos sintetizar nuestra comprensión de la muerte de Cristo? La causa inmediata fue la ira de los líderes religiosos junto con la cooperación de los romanos para llevar a cabo esta injusta ejecución. Pero la causa última fue Dios mismo: «Con todo eso, Jehová quiso quebrantarlo, sujetándole a padecimiento» (Isaías 53:10).

Antes de su muerte, Juan Calvino tuvo la misma confianza cuando dijo: «Tú Señor, me has herido. Pero estoy inmensamente satisfecho porque lo has hecho con tu mano.»

La muerte no le puede arrebatar nada al cristiano. La salud, la riqueza y el gozo, todas estas vienen en mayor abundancia cuando el espíritu vuelve a Dios.

William Cowper, combinó en la letra de su canción, la historia de la redención y la del ladrón arrepentido:

Hay una fuente colmada con sangre,
Que fluye de las venas de Emanuel;
Y los pecadores, sumergidos en aquel torrente,

Borran todas las manchas de su culpa.
El ladrón moribundo se alegró al ver
Aquella fuente en su día;
Y allí espero yo también, siendo tan vil como él,

De todos mis pecados limpio ser.
Cuando esta pobre lengua mía, balbuceante y tartamuda

Silenciosa yazca en el sepulcro
Entonces con una canción más noble y dulce,
Cantaré de tu poder que me salvó.

Nuestra existencia futura no está en manos de los doctores, ni de la enfermedad, ni del ebrio que estrella nuestro auto en la autopista. Nuestra vida está en las manos del Todopoderoso, quien puede usar cualquier medio que guste, incluyendo los mencionados anteriormente, para hacernos llegar a las puertas del cielo.

Quizá hoy nuestro nombre va a ser pronunciado.

CAPÍTULO OCHO

$\mathcal{P}$ARA SABER HOY, DÓNDE VAS A ESTAR MAÑANA

Lo que Dios exige — Para estar seguros

Quienes hemos viajado a países extranjeros, conocemos la importancia de un pasaporte. Sin importar nuestra posición social o nuestro carisma, ese documento es lo que nos autoriza entrar y ser aceptados entre las personas de un territorio diferente.

Aunque he vivido en los Estados Unidos por más de veinticinco años, aún soy ciudadano canadiense. Con mi pasaporte de Canadá no tengo temor de que prohiban mi acceso a Canadá cuando mi familia va de vacaciones en el verano. Mi esposa y mis hijos, que son estadounidenses, entran gracias a la buena voluntad del gobierno canadiense; pero yo entro porque tengo el derecho legal de hacerlo.

Necesitamos un pasaporte para entrar al cielo, si ese es el país al que queremos ir. Los que posean esa visa pueden disfrutar la ciudadanía mucho antes de su llegada. Pablo escribió: «Mas nuestra ciudadanía está en los cielos, de donde también esperamos al Salvador, al Señor Jesucristo» (Filipenses 3:20).

No hay duda de que se habla de los redimidos como habiendo sido resucitados con Cristo y sentados ya en lugares celestiales (Efesios 2:6). Debido a que legalmente ya estamos allá, no es de esperarse que haya inconvenientes en cruzar la frontera. Lo importante es que podamos calificar para ser reconocidos por el «Administrador de las Llaves.»

No imagines ni por un instante que vas a entrar al cielo sin presentar las credenciales correctas. No vas a llegar allá porque tu esposa tiene derecho a entrar; no vas a entrar allá porque

107

tienes un hijo que ya está allá. No, esto es un asunto individual, y sólo se permitirá la entrada a aquellos que posean el documento indicado.

Ésta es tan sólo otra forma de afirmar que nadie puede entrar al cielo sin la aprobación específica de Dios. Nuestro problema, por supuesto, es que Dios no nos puede aceptar como estamos. No podemos llegar a las puertas del cielo esperando blanda clemencia. No podemos llegar rogando para obtener favores especiales, una vez que hayamos pasado por la cortina dividida. No hay visas disponibles al otro lado de la frontera.

LO QUE DIOS EXIGE

¿Qué tan perfecto tienes que ser para entrar al cielo? La respuesta es simple: tan perfecto como Dios. De hecho, si no eres tan perfecto como Él, ¡ni pienses que vas a entrar al reino de los cielos! El cristianismo, sea católico o protestante, siempre ha enseñado que debemos ser perfectos como Dios para pasar por aquellas puertas de perla.

La pregunta es, por supuesto: ¿Cómo podemos nosotros, como pecadores, ser perfectos como Dios? La respuesta: Dios puede darnos todas sus perfecciones; su justicia puede ser acreditada a favor nuestro para que podamos entrar al cielo inmediatamente al morir, sin ningún tipo de pausa intermedia.

Cuando Cristo murió en la cruz, se constituyó a sí mismo en sacrificio perfecto por los pecadores, el cual Dios aceptó. Aunque Cristo era perfecto, Dios lo consideró legalmente culpable de todos nuestros pecados. Como resultado, recibimos su justicia. «Al que no conoció pecado [Cristo], por nosotros lo hizo pecado, para que nosotros fuésemos hechos justicia de Dios en él» (2 Corintios 5:21).

¡Cuán sublime gracia!

Lo que esto significa es que Cristo fue considerado un pecador al cargar con nuestro pecado; nosotros somos considerados santos cuando recibimos su rectitud. Aunque somos imperfectos, se nos considera como «la justicia de Dios.» Dios tiene parámetros altísimos, ¡pero gracias a Él, que los hace alcanzables a nosotros!

Quizás pienses que has pecado demasiado como para recibir un regalo así. Bien, quiero que sepas que Dios es capaz de salvar a grandes pecadores, criminales, de hecho. La dimensión de nuestro pecado no es una barrera; es nuestra incredulidad lo que nos separa de la misericordia y el perdón de Dios.

Cuando recibimos la justicia de Cristo, nos ocurre otro

milagro al mismo tiempo. Dios nos da una nueva naturaleza; Él nos cambia de adentro hacia afuera. Cristo le dijo a Nicodemo, un líder religioso judío: «De cierto, de cierto te digo, el que no naciere de nuevo, no puede ver el reino de Dios» (Juan 3:3). Obviamente, no podemos volver a nacer por nuestros propios medios. Eso es algo que le toca hacer a Dios por nosotros.

¿Qué debemos hacer para recibir el don de la justicia y la nueva naturaleza interior? La respuesta es admitir nuestra insuficiencia, reconocer que dependemos de la misericordia de Dios. Luego debemos depositar toda nuestra confianza en Cristo como aquel que carga con nuestro pecado; *debemos creer en Él como el Único que hizo todo lo que necesitamos, para permanecer en la santa presencia de Dios.* Creer en Cristo significa que confiamos en Él para obtener todo lo necesario en esta vida y en la vida venidera.

¿Qué tan seguros podemos estar de que vamos a pasar la eternidad con Dios? Podemos estar tan seguros que la muerte no tendrá por qué aterrorizarnos. Sí, el misterio persiste; sí, todos tenemos temor de tener que abandonar este cuerpo para despertar en el mundo venidero. Pero cuando hemos confiado en Cristo, sabemos que Él camina todo el tiempo con nosotros al otro lado.

En el Nuevo Testamento, Pablo enseñó que quienes pertenecen a Cristo pueden estar seguros de que entrarán al cielo. Aunque estos versículos contienen algunas palabras teológicas, entenderás lo que Pablo quiere decir: «Porque a los que antes conoció, también los predestinó para que fuesen hechos conformes a la imagen de su Hijo, para que él sea el primogénito entre muchos hermanos. Y a los que predestinó, a éstos también llamó; y a los que llamó, a éstos también justificó; y a los que justificó, a éstos también glorificó» (Romanos 8:29-30).

¡Ya estamos glorificados! De hecho, nuestra llegada al cielo ya ha ocurrido. Aquellos a quienes Dios escoge para ser suyos, esto es, a los que conoció y predestinó de antemano, estos son los que reciben justificación, y a todos se les garantiza un viaje seguro a su hogar celestial. Ninguno se pierde en el camino; ¡en la mente de Dios ya tienen sus cuerpos glorificados! La razón es que Dios «llama las cosas que no son, como si fuesen» (Romanos 4:17).

He aquí otra promesa para los que se enfrentan con la muerte. Pablo dijo que nada puede separar a los hijos de Dios de su amor.

Luego añade: «Por lo cual estoy seguro de que ni la muerte, ni la vida, ni ángeles, ni principados, ni potestades, ni lo presente, ni lo por venir, ni lo alto, ni lo profundo, ni ninguna otra cosa creada nos podrá separar del amor de Dios, que es en Cristo Jesús Señor nuestro» (Romanos 8:38-39). La muerte no tiene más éxito que la vida para separarnos del amor de Cristo.

¿Cuál es la actitud de Cristo frente a nuestra llegada a casa? De forma repetida se dice de Cristo en el Nuevo Testamento, que está sentado «a la diestra de Dios». Pero hay una referencia en el sentido de que abandona su trono y está de pie; está dando la bienvenida a casa a uno de sus siervo. Cuando Esteban estaba siendo apedreado, leemos que «lleno del Espíritu Santo, miró al cielo y vio la gloria de Dios, y a Jesús de pie a la derecha de Dios» (Hechos 7:55, NVI).

Así pues, el Hijo de Dios quien siempre está sentado a la diestra de Dios, se puso de pie para recibir a uno de los suyos en el reino celestial. La muerte de un creyente puede pasar desapercibida en la tierra, pero es noticia de primera página en el cielo. El Hijo de Dios está al tanto. Él estará allí para darnos la bienvenida.

D.L. Moody al momento de morir pudo vislumbrar el cielo. Despertándose del sueño dijo: «La tierra se oculta, el cielo se abre ante mí. ¡Si esto es la muerte, entonces es dulce! No hay valles aquí. ¡Dios me está llamando y debo ir!»

Justo antes de morir, Juan Bunyan dijo: «No lloren por mí, sino por ustedes. Yo voy al encuentro del Padre de nuestro Señor Jesucristo, quien por la mediación de su bendito Hijo me va a recibir aunque soy pecador; allá nos encontraremos para entonar el nuevo cántico y permanecer eternamente felices, en un mundo sin fin.»

¿Recuerdas las palabras de Hamlet en la obra de Shakespeare? En un momento de profunda contemplación midió bien sus palabras al decir: «Ser o no ser; ese es el problema» (III.i.56). Estaba contemplando la posibilidad de cometer suicidio porque la vida se la había vuelto insoportable. Sin embargo, al reflexionar acerca de a dónde podría conducirlo, continuó:

> ¿Qué es más elevado para el espíritu: sufrir los golpes y dardos del destino atroz, o tomar las armas contra un océano de problemas, y haciéndoles frente, acabar con ellos? ¡Morir, dormir; no ser más! ¡Y pensar que con un sueño damos fin al pesar del corazón y a los mil conflictos naturales que constituyen la herencia de la